KB193696

세상을 바꾼 위대한 10대들

BOYS WHO ROCKED THE WORLD
by Michelle Roehm McCann and the editors of Beyond Words Publishing

Published by arrangement with Aladdin, an imprint of Simon & Schuster
Children's Publishing Division

★★★

차별, 편견, 폭력에 맞서 인권, 환경, 정의를 지켜낸

세상을 바꾼 위대한 10대들

라의눈

★머리말★

이 책이 말하고 싶은 것은 여러분은 어른이 될 때까지 기다릴 필요가 없다는 사실이다. 이 책에 실린 10대들은 자신이 어리다고 포기하지 않았다. 세상을 바꾼다는 것이 꼭 유명해지거나 엄청난 부자가 되는 것을 뜻하지는 않는다. 여러분이 스스로 기회를 잡고, 자신을 변화시키고, 스스로 서고, 쏟아지는 비판을 무시하고, 다른 사람들에게 영감을 주고, 누군가의 마음에 감동을 준다면 그것이 바로 세상을 바꾸는 일이다.

우리는 이런 마음으로 이 책의 작업을 시작했다. 우리는 경탄할 만한 10대들의 역사를 복원하는 일에 참여했다는 사실에 자부심을 느낀다. 또한 우리의 작업을 통해 여러분이 자신의 꿈을 발견하고, 여러분 안에 내재된 힘을 믿게 되기를 소망한다.

훌륭한 남자 청소년들이 너무 많아서 책에서 다룰 대상을 정하기가 꽤 어려웠다. 역사상 기록이 남은 사례들, 혹은 스무 살이 되기 전에 중대한 일을 시작한 경우를 선택했고 국가, 시대, 성취의 다양성을 반영하도록 배려했다.

이 책의 주인공들은 지구 곳곳에서 출현했고, 각자 완전히 다른 방식으로 세상을 바꾸었다. 그들에겐 몇 가지 공통점이 있었다. 가난, 부족한 교육, 불우한 환경, 억압적인 정부, 자기 불신 등의 장애물을 극복하고 자신의 꿈을 실현했다는 사실이다. 이 책의 주인공 누구도 쉬운 길을 가지 않았고 누구도 포기하지 않았다.

'스무 살'이라는 제한을 두어, 늦은 나이에 성취를 이룬 수천 명의 남성을 제외할 수밖에 없었다. 여러분은 이 책에 소개된 주인공들이 특별한 성취를 이룬 수백만 명의 남성 중 일부임을 기억하길 바란다.

현시대를 살아가는 여러분이 꿈에 따라 살고, 열정에 따라 행동하며, 목표를 달성할 수 있다는 분명한 증거를 그들이 보여주고 있다. 우리는 이 책에 소개된 10대들의 삶이 여러분의 오늘에 큰 격려와 위안이 되길 바란다.

이제 여러분이 주인공이 될 차례다!

★차 례★

Chapter 2

불우한 환경과 장애에도 꺾이지 않은 10대들

Chapter 3

자기계발을 넘어 자기혁신을 이룬 10대들

Chapter 4

용기와 리더십으로 세상을 흔든 10대들

Boys Who Rocked the World

CHAPTER 1

낡은 틀을 깨고 날아오른 10대들

Boys Who Rocked the World 1

세상을 연결하고 사람을 이어주다

★ 마크 주커버그 ★

MARK ZUCKERBERG

1984년~ | 소프트웨어 개발자 | 미국

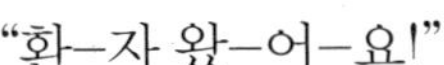

"환-자 왔-어-요!"

마크의 아버지 진료실에 고래고래 고함치는 소리가 들렸다. 치과의사인 아버지는 집 바깥채에 진료실을 마련했다. 병원의 접수 담당 직원의 목소리가 아버지에게 전달되기 위해서는 벽면을 가득 채운 커다란 어항을 통과해야 했으므로, 직원은 거의 매번 악을 써야 했다.

진료실까지 직접 가서 알려주는 방법도 있었지만, 환자가 올 때마다 자리를 비우는 것도 문제였다. 매일 벌어지는 이 소란을 지켜보던 열두 살 마크의 머릿속에 멋진 아이디어가 떠올랐다. 마크는 곧바로 컴퓨터를 켜고 키보드를 두드렸다.

"이런 식으로 하면, 아마도…."

마크는 잠시 생각을 멈추고 컴퓨터의 백스페이스 키를 몇 번 눌렀다.

"아니지, 이렇게 하면 효과가 없고…."

마크는 순식간에 컴퓨터 프로그램을 완성했고 그것에 '주크넷'이라는 이름을 붙였다. 접수 담당자가 의사에게 환자 도착을 알리는 인스턴트 메시지를 보내는 프로그램이었다. 이제 더 이상 소리를 지를 필요가 없었다.

자신의 발명에 만족한 마크는 부모님과 세 명의 누이까지 주크넷에 연결해서 서로 대화할 수 있도록 했다. 마크는 장난기가 많았다. 어느 날 숙제를 하고 있던 여동생에게 메시지를 보냈는데, 동생이 메시지를 여니 30초 동안 컴퓨터가 폭발하는 듯한 굉음을 냈다. 놀란 누이는 비명을 질렀고.

아이들이 다 그렇듯이 마크는 집으로 친구들을 데려와 노는 것을 좋아했다. 마크와 친구들은 빈둥거리다가 그림을 그렸고, 마크는 그 그림들로 컴퓨터 게임을 만들곤 했다.

마크의 부모님은 아들의 재능을 바로 알아보았다. 마크가 열한 살 때는 프로그래밍 공부를 위해 가정교사를 채용했고, 그 후 집 근처에 있는 대학에서 야간 수업을 듣도록 해주었다. 수업을 하던 강사는 강의실에 있는 꼬마가 자신의 수업을 듣는 학생이라고 생각하지 못하고, 강의실에서 나가라고 한 적도 있었다.

고등학교 3학년 때는 친구와 함께 '시냅스'라는 이름의 프로그램을 개발했다. 누군가의 음악 취향을 분석해서, 이후 좋아할 노래를 예측하는 프로그램이었다. 이 프로그램을 인터넷에 무료로 올리자 놀라운 일이 벌어졌다. 마이크로소프트를 비롯한 유명 회사들이 프로그램을 사겠다고 나선 것이다. 200만 달러 이상을 주겠다는 회사도 있었지만, 마크와 친구는 모든 제안을 거절했다.

하버드대학에 입학한 후에도 마크의 프로그래밍 아이디어는 샘솟았다. 그는 강의의 인기도에 따라 수강과목을 선택할 수 있는 '코스 매치Course Match' 프로그램을 개발하기도 했다. 마크에겐 흑역사도 존재한다. 2003년 학교 전산시스템을 해킹해 이른바 얼짱을 선출하는 웹사이트 '페이스 매치Face Match'를 만든 것이다. 이상형 월드컵처럼 두 명씩 사진을 올려 어느 쪽이 더 매력적인지 선택하는 프로그램이다. 열광한 학생들이 몰려들었고, 대학 당국은 개설 4시간도 안 되어 이 사이트를 폐쇄했다. 마크는 어떻게 되었냐고? 당연히 근신 처분을 받았다.

2003년 열아홉 살의 하버드대학교 2학년 마크에게 몇 명의 친구들이 찾아왔다. 자기들이 진행하고 있는 프로젝트를 도와 달라는 얘기였다. 나중에 '커넥트유ConnectU'라고 불리게 될 소셜 네트워크 프로그램이었다. 그런데 마크는 이 일을 끝내지 못했다. 그 대신 2004년 '더페이스북닷컴'을 만들었다. 마크가 친구들의 아이디어를 훔쳤다고 볼 수도 있고 영감을 얻었다고 볼 수도 있는데, 진실은 그들만이 알 것이다.

마크가 만든 '더페이스북닷컴'은 처음에 하버드 대학생만을 위한 것이었는데, 몇 달 후에는 보스턴에 있는 다른 대학에도 개방했고, 그다음엔 다른 아이비리그 대학들에, 그다음에는 미국 전역에 있는 대학들에 개방했다. 2005년 8월 마크는 더페이스북닷컴의 이름을 '페이스북'으로 바꿨고, 2006년 9월에는 이메일 주소를 갖고 있는 사람이라면 누구나 페이스북을 사용할 수 있게 했다.

그러자 사용자가 비약적으로 늘어났다. 2011년 중반 페이스북 가입자는 7억 5천만 명이 되었고, 매일 3억 8천만 명이 사이트에 들렀다. 사람들이 페이스북을 사용하는 시간은 한 달에 7천억 분으로, 전체 시간을 계산하면 130만 년이 되었다.

마크의 페이스북 페이지에는 이렇게 쓰여 있었다고 한다.

'나는 사람들이 서로 연결되고 경험을 공유하도록 도와줌으로써 더 열린 세상을 만들고 싶다.'

마크의 생각은 현실이 된 듯하다. 페이스북을 통해 오랫동안 연

지금 세상을 바꾸고 있는 10대

존 콜린슨
John Collinson

그는 최연소 레이니에산 등정 기록을 갖고 있는데 겨우 네 살 때 일이다. 존 콜린슨은 열여섯 살 때, 전 세계 7개 대륙의 최고봉을 일컫는 '세븐 서미트*seven summits*'에 최연소 등정하겠다는 목표를 세웠다. 가족과 친구들이 많은 도움을 주었고, 후원자를 모으기 위한 노력도 병행되었다. 2009년 1월부터 2010년 1월 사이, 정말로 존은 7개 최고봉을 모두 올랐다. 미션 클리어!

락이 끊어졌던 친구를 찾고, 입양아가 친부모를 찾고, 환자가 장기 기증자를 찾았다는 이야기는 차고 넘치니까.

사람들은 어디에 있든 정해진 시간에 말을 걸 수 있고 게임을 할 수 있다. 페이스북을 통해 정치적 의사를 표시하기도 하고, 기업은 자신들의 제품이나 서비스가 꼭 필요한 사람에게 광고를 할 수 있다. 페이스북에서 할 수 없는 일은 거의 없는 것 같다. 페이스북의 인기는 그대로 수익성으로 연결되어 마크 주커버그는 갑부가 되었다.

2010년 마크 주커버그와 페이스북 설립 과정을 그린 영화 '소셜 네트워크'가 개봉해, 오스카상 3개 부문을 수상하며 흥행 돌풍을 일으켰다. 2021년 10월 마크 주커버그는 메타버스에 집중하겠다는 목표로 '페이스북'의 이름을 '메타'로 바꿨다.

Boys Who Rocked the WORld 2

겁 없는 소년의 거침없는 도전

★ 카메론 크로우 ★

CAMERON CROWE

1957년~ | 기자, 영화감독 | 미국

★

열다섯 살 소년은 뼛속까지 얼어붙는 추위를 견디며 공연장 후문에 서 있었다. 입에서는 끝없이 하얀 김이 나왔다. 소년의 손엔 작은 노트와 펜이 들려 있었다. 마침내 대형 버스가 도착했고, 모피 외투를 입고 선글라스를 낀 네 명의 남자가 버스에서 내렸다. 그들이 열광하는 팬들을 뚫고 지나갈 때, 소년은 들고 있던 노트를 그들 앞에 흔들며 말했다.

"잠시만요, 여기요…."

소년이 말을 끝내기도 전에, 밴드의 멤버는 소년이 내민 노트에 휘갈긴 글씨로 사인을 해주었다. 소년은 노트를 내려다보더니, 공연장 후문을 통해 사라지는 멤버들을 쫓아갔다.

"기다려요! 나는 당신들을 인터뷰하기 위해 롤링스톤 잡지에서 왔어요. 사인을 받으려는 게 아니에요."

소년의 목소리는 쾅 하고 닫히는 문소리에 잘리고 말았다. 소년 카메론 크로우는 결국 인터뷰에 성공했지만, 공연장 안으로 들어가기 위해 보안요원들을 설득하는 데 엄청난 노력을 기울여야 했고, 밴드 멤버들이 열다섯 살짜리 소년의 인터뷰에 응하도록 설득하는 데는 그보다 열 배쯤 더 애써야 했다.

사실 10대 소년이 최고의 록 잡지인 '롤링스톤'에 글을 쓴다는 것 자체가 믿기 어려웠지만, 그건 엄연한 사실이었다. 카메론은 곧 유명해졌다. 천재적인 글솜씨뿐 아니라 밴드들이 그를 친구로 받아들였기 때문이다. 록스타들은 이 소년이 엄청난 영향력을 발휘한다는 사실을 바로 알아챘다.

카메론은 어린 시절 그렇게 좋아하는 로큰롤 음악을 금지당한 적이 있다. 대학 교수인 어머니가 로큰롤은 쓰레기라고 생각했기 때문이다. 카메론에게 로큰롤을 처음 알려준 사람은 누나였다. 누나는 대학에 진학하면서 갖고 있던 금지된 음반들을 동생에게 물려주었다. 카메론을 방문을 걸어 잠그고 느닷없이 얻게 된 보물들, 즉 레드 제플린, 딥 퍼플, 비치보이스의 음반을 몇 시간이고 끝없이 들었다.

1970년대 초반에 '크림'이나 '롤링스톤' 같은 록 음악 잡지를 사려면 18세 이상이 되어야 했다. 하지만 카메론은 잡지를 파는 상점 점원과 친구가 되어, 상점에서 시간을 보내며 잡지들을 볼 수 있었다.

어느 날 누나가 지역 신문인 '샌디에이고 도어'의 미팅에 카메론을 데리고 갔을 때, 소년의 운명이 전환점을 맞았다. 그가 록 음악에 대해 많이 아는 것은 분명했지만, 열네 살짜리가 잡지에 음악평을 쓸 수 있을지는 아무도 확신하지 못했다. 어쨌든 그들은 롤링스톤 잡지의 작가이자 기자인 '뱅스'에게 소년을 소개해주었다.

뱅스를 만나고 1년 후 카메론은 롤링스톤에 자신의 글을 기고할 모든 준비를 끝냈다. 그는 자신의 나이가 열여덟 살이라고 속였다. 롤링스톤의 편집자는 카메론의 글솜씨와 록 음악에 대한 지식에 감탄해 그를 고용하기로 했다. 카메론의 첫 번째 취재 대상은 '올맨 브라더스'였다.

이 소식을 전해 들은 그의 어머니는 기겁했지만, 곧 아들이 엄청난 기회를 잡았다는 사실을 받아들였다. 올맨 브라더스는 불친절한 인터뷰로 유명했고 롤링스톤 잡지 자체를 좋아하지 않았다. 롤링스톤 잡지가 올맨 브라더스의 음악에 대해 가혹한 평가를 한 적이 있었기 때문이다. 그러나 카메론은 특별한 능력을 발휘했다. 음악에 대한 진심을 보여준 그에게 올맨 브라더스의 멤버들이 마음을 열면서, 다른 기자들에게 말하지 않았던 온갖 종류의 정보를 알려주었다.

카메론은 기자 생활을 하는 동안 레드 제플린, 데이비드 보위, 엘튼 존, 레너드 스키너드와 같은 록의 전설들은 인터뷰했다. 그는 읽는 사람의 흥미를 자극하면서도 실제 사실에 근거한 글을 썼다. 또한 밴드와의 신뢰를 배신하는 일이 없었다. 모두가 카메론을 좋아했고, 많은 록 밴드들이 카메론이 아니라면 인터뷰를 거절할 정도였다.

1979년, 스물두 살의 카메론은 깜짝 놀랄 만한 계획을 세웠다.

고등학교를 중퇴한 그가 미국 10대 청소년들을 취재하겠다며 고등학교에 가기로 한 것이다. 카메론은 자신보다 훨씬 어린 친구들과 어울려 파티에도 가고 미식축구도 관람했다. 그렇게 1년 동안의 스파이(자료 수집) 활동을 끝낸 후, 카메론은 '리치몬드 고등학교에서의 빠르게 흘러가는 시간'이란 책을 완성했다. 이 책은 같은 제목의 영화로 만들어져 대히트를 했다(우리나라에서는 '리치몬드 연애 소동'이란 제목으로 개봉했다–역주).

이를 계기로 카메론은 영화 각본을 쓰고 연출을 하기 시작했다. '제리 맥과이어', '바닐라 스카이', '우리는 동물원을 샀다', '올모스트 페이머스'가 그의 대표작이다. 특히 2000년에 개봉한 '올모스트 페이머스'는 록 음악 기자로 일했던 자신의 이야기를 담고 있다.

카메론의 일생은 대담한 도전으로 가득하다. 미디어에 뛰어들었고, 소설에 뛰어들었고, 영화로 도약했다. 그리고 매번 도약할 때마다 자신의 결정을 믿었다. 그는 자기 확신과 긍정적 태도를 가지면 무엇이든 할 수 있다는 사실을 온 세상에 보여주었다.

Boys Who Rocked the World 3

세상의 틀을 바꾼 IT 영웅

★ 스티브 잡스 ★

STEVE JOBS

1955~2011년 | 컴퓨터 프로그래머, 발명가 | 미국

★

열세 살의 스티브는 온몸에 전율을 느꼈다. 이제까지 본 것 중 가장 작은 컴퓨터가 눈앞에 있었기 때문이다. 바로 휴렛패커드 9100A였다.

스티브가 본 컴퓨터는 화면이 12×8㎝에 불과했고 무게는 18kg이었다. 지금 기준으로는 너무 작은 화면에 엄청난 무게이지만, 그 이전까지 컴퓨터가 웬만한 방 하나 크기였다면 얘기가 달라진다. 스티브가 세상을 떠난 2011년, 컴퓨터는 주머니에 넣고 다닐 정도로 작아졌다.

스티브 잡스의 인생은 어머니 배 속에 있을 때부터 순탄하지 못했다. 그는 위스콘신 대학의 대학원생인 어머니 조앤과 시리아 출신 유학생인 아버지 사이에 태어났다. 둘은 사랑해서 스티브가 잉태되었지만, 조앤의 부모는 무슬림 출신과의 결혼을 극렬히 반대했다. 결국 조앤은 스티브를 낳아 입양시키기로 결심했다. 조앤이 입양기관에 내세운 조건은 하나였다. 무조건 부모가 대학 졸업자여야 한다는 것이다.

그래서 스티브는 어느 변호사 가족에게 입양될 예정이었는데, 막판에 변호사는 아들이 아닌 딸을 원한다면서 스티브를 거절했다. 결국 스티브는 대학 졸업자가 아닌 평범한 잡스 부부에게 입양되었다. 뒤늦게 이를 알게 된 스티브의 생모, 조앤은 불같이 화를 냈지만 이미 엎질러진 물이었다. 조앤은 스티브를 입양한 잡스 부부를 찾아가 스티브를 꼭 대학에 보내달라고 신신당부했다.

스티브의 양부모는 이 약속을 성실하게 지켰다. 두 사람은 최대한 절약해서 최고의 학교에 스티브를 보내려고 노력했다. 스티브를 좋은 학교에 보내기 위해 싼 집으로 이사를 하기도 했다. 스티브의 양아버지는 낡은 차를 싼값에 사서 수리한 다음 더 높은 가격에 되파는 일을 했다. 스티브는 이렇게 회고했다.

"나의 대학 학자금은 아버지가 고장 난 중고차를 50달러에 산 다음, 몇 주 동안 그걸 고쳐서 250달러를 받고 되팔아 모은 돈이었다."

스티브의 기업가 정신도 거기서 시작되었다. 그 역시 벼룩시장에서 중고 회로판을 사서 수리한 다음 전자제품 상점에 팔아 돈을 벌었다.

그러나 정작 스티브 본인은 낳아준 어머니나 양부모만큼 교육을 중요하게 생각하지 않았다. 그는 수업시간에 장난치는 일에 정신을 팔곤 했다. 스티브의 장난 중 하나가 가짜 포스터 사건이다. 그는 학교 곳곳에 '반려동물을 데리고 학교 오는 날'이라는 가짜 포스터를 붙였다. 이를 본 학생들이 강아지와 고양이를 데리고 등교했고, 교실과 복도마다 고양이를 쫓는 개들로 난장판이 되었다. 스티브의 부모님과 선생님은 그가 공부에 집중하게 할 방법을 생각해냈다. 그는 5학년 과정을 마치지 않고 바로 중학교에 입학했다.

그때 스티브가 살고 있던 캘리포니아주에 IT 열풍이 불었다. 휴렛팩커드, 미국항공우주국 에임스 연구센터, 록히드사가 앞다퉈 신제품을 쏟아내고 있었다. 스티브의 집 주변에도 IT 회사에 다니는 사람들이 많이 살고 있었다. 그중 하나가 휴렛팩커드의 기술자인 '래리 랭'이었다. 스티브의 재능을 알아본 그가 휴렛팩커드의 '탐험가 클럽'에 스티브를 초청한 것이다. 당시 휴렛팩커드는 청소년들이 컴퓨터에 관심을 갖도록 하기 위해 '탐험가 클럽'이란 이름의 홍보용 커뮤니티를 운영 중이었다.

탐험가 클럽에 들어간 열다섯 살의 스티브는 '주파수 계수기'를 만들고 있었는데, 부품 한 개를 구할 수 없었다. 그는 근처 전자제품 가게로 부품을 사러 가는 대신, 휴렛팩커드의 최고 경영자인 '빌 휴렛'에게 전화를 걸었다. 상식을 벗어난 대담한 행동이었다. 놀랍게도 빌은 스티브의 전화를 반겼고, 그 젊은이와 20분이나 통화했다. 빌은 스티브에게 부품을 주기로 약속했을 뿐만 아니라 휴렛팩커드에 입사할 것을 제안했다.

고등학교 1학년 때 스티브는 평생의 파트너를 만났다. 바로 '스티브 워즈니악'이었다. 나이는 워즈니악이 많았지만 전자 장치 만들기와 장난치기라는 관심사가 같았다. 두 명의 스티브는 텔레비전 신호를 쏘아서 영상의 선명도를 마음대로 제어할 수 있는 장치를 만들기도 했다.

친구들이 모여서 텔레비전을 보던 중에 영상이 흐려지자 한 친구가 지붕으로 올라가 안테나를 조정했고, 그 사이 두 명의 스티브는 영상을 선명하게 만들었다. 안테나를 조정하러 갔던 친구가 돌아오면, 둘은 다시 영상이 흐려지게 했다. 친구들은 밤새도록 안테나를 조정하기 위해 지붕에 올라갔다 내려와야 했다.

후일 두 명의 스티브는 단짝 친구가 되어, 가장 성공적이고 혁신적인 회사를 만들었다. 바로 '애플'이다.

고등학교를 졸업한 스티브 잡스는 대학에 가지 않으려고 했지만, 양부모는 스티브의 생모와 한 약속을 지켜야 했다. 스티브의 대학 학자금을 마련하느라 20년 동안 검소하게 생활하며 저축도 해왔다. 어쩔 수 없이 스티브는 오레곤주에 있는 리드 대학에 입학하기로 한다. 그 대학에 혁신적이고 반짝반짝하는 사람들이 많다고 들었기 때문이다. 그런데 막상 대학에 간 스티브는 그렇게 진보적인 대학에 '필수 과목'이란 것이 있다는 사실을 믿을 수 없었다. 하고 싶지 않은 공부를 억지로 하기는 정말 싫었던 것이다.

다행히 스티브의 재능을 알아본 대학 학장의 배려로 스티브는 어떤 강의든 들을 수 있게 되었다. 당시 스티브가 들었던 강의 중 하나가 캘리그라피(손글씨)였다. 그리고 그때의 경험은 스티브가 애플에서 컴퓨터 서체 디자인을 할 때 큰 도움이 되었다!

열아홉 살이 된 스티브는 캘리포니아로 돌아가 최초의 비디오 게임 회사인 '아타리'에 입사했지만 오래 다니지는 않았다. 그 후 스티브 워즈니악과 손잡고 애플을 창립하고, 애플 I과 애플 II를 출시해 돈과 명성을 모두 얻었다. 1980년대에 애플은 경영 상황이 어려워졌고 스티브 잡스와 이사회 간에 갈등도 커졌다. 결국 그는 1985년 애플을 떠났다.

1997년 애플을 떠난 지 12년 만에 스티브는 새로운 구상과 함께 돌아왔다. 그는 애플을 전자업계의 선두로 올려놓을 신제품을 개발 중이었다. 그리고 스티브의 그런 노력은 성과를 얻었다. 아이맥, 아이팟, 아이폰, 아이패드로 애플은 엄청난 돈을 벌어들였고 미국의 존경받는 회사 1위에 올랐다.

그러나 2003년 스티브 잡스는 췌장암 진단을 받았다. 수술을 받고 좀 나아지는 듯했지만 다시 병세가 악화되었다. 세상의 틀을 바꾼 IT 영웅은 56세의 젊은 나이로 세상을 떠났다.

Boys Who Rocked the World 4

심슨 가족의 세계관을 창조하다

★ 맷 그레이닝 ★

MATT GROENING

1954년~ | 만화가 | 미국

★

교실 뒷줄에 앉은 맷은 등을 잔뜩 구부린 채, 공책 귀퉁이에 강아지를 그리고 있었다. 선생님이 책상 사이로 걸어오는 것도 보지 못한 채.

"오늘 곱셈 시험은 여러분 대부분이 통과했어요. 그런데…."

선생님이 말을 끊더니 고개를 홱 돌려 맷을 노려보았다.

"맷, 난 동물 그리기 숙제를 낸 적이 없단다. 당장 그만두지 못해?"

"선생님, 화내지 마시고요…."

맷은 자신의 걸작을 그리는 일을 멈추지 않았다. 선생님은 한숨을 쉬더니 맷을 벌주기 위해 교장 선생님 방으로 데려갔다.

인기 애니메이션 '심슨 가족'에 나오는 한 장면 같지만, 사실은 심슨 가족을 만들어낸 맷 그레이닝의 어릴 적 모습이다. 지금 맷은 유명하고 존경도 받고 있지만, 어릴 적 그는 아주 심한 말썽꾸러기였다.

'심슨 가족'은 오레곤주 포틀랜드에서 어린 시절을 보낸 맷 자신의 이야기에서 시작되었다. 맷의 아버지는 만화가였다. 자녀의 낙서하는 습관을 걱정하는 보통의 부모와는 달리, 아버지는 오히려 아들을 격려했다. 맷은 고등학교에 가서도 낙서를 이어갔다. 수업 시간마다, 심지어는 체육 시간에도 만화를 그렸다. 평행봉 위에서 낙서를 하다가 떨어져서 심하게 다친 적도 있었다. 학교에서 맷은 만화에 미친 말썽꾼으로 통했다.

열네 살이 되었을 때, 맷은 자신의 에너지를 모두 쏟아부을 일을 찾았다. 학교 신문에 연재만화를 그리게 된 것이다. 하지만 심슨 가족의 주인공 바트처럼, 맷은 자신의 유별난 유머 감각 때문에 자주 말썽을 일으켰고 결국은 학교 신문사에서 쫓겨나고 말았다. 맷을 쫓아낸 학교 신문사는 나중에 자신들이 실수했음을 통감했을 것이다.

고등학교 졸업 후 맷은 워싱턴주에 있는 에버그린 대학에 입학했다. 괜찮은 미술학과가 있어서일 수도 있고, 성적 평가를 하지 않는 대학이어서일 수도 있고, 둘 다일 수도 있다. 당시 맷은 스스로를 '만화가'라기보다는 '작가'라고 생각했다. 동료 만화가들만큼 그림을 잘 그리지 못했기 때문이다.

하지만 동료 만화가 '린다 배리(인기 캐릭터 말리스의 창시자)'만은 그의 재능을 알아보았다. 그녀는 맷이 만화를 그만두려 할 때마다 절대 포기하지 말라고 용기를 주었다. 맷은 낙서를 계속했고 그의 그림 실력은 점점 나아졌다. 이제는 전 세계의 만화가들이 맷의 단순한 그림 스타일을 흉내 낸다.

대학을 졸업한 후, 맷은 작가로 성공하겠다는 꿈을 안고 로스앤젤레스로 갔다. 그런데 새벽 2시 로스앤젤레스 시내에 도착한 그의 차가 고장 나서 할리우드 고속도로의 추월 차선에 서버렸다. 이 악몽 같은 경험이 또 하나의 연재만화 '지옥에서의 삶'을 탄생시켰다.

이 연재만화의 주인공은 삶이 불공평하다고 끊임없이 투덜대는 토끼 '빙키'였다. 맷이 가장 쉽게 그릴 수 있는 것이 토끼였기 때문이다. '지옥에서의 삶'이 '로스앤젤레스 리더'라는 신문에 연재되자 맷에겐 수많은 팬이 생겼다. 놀랍게도 이 만화는 250여 개의 신문에 연재되었다.

'지옥에서의 삶'을 재미있게 본 방송사 PD가 맷에게 자신의 코미디 쇼를 위한 애니메이션을 작업해달라고 요청했다. 전설이 된 사건은 이렇게 시작되었다. 방송사 간부들과 만나기 15분 전, 맷은 뭔가 새롭고 독창적인 아이디어가 필요하다는 말을 들었다.

대기실에서 기다리는 동안, 맷은 미친 듯이 한 가족의 캐릭터를 스케치했고 그 캐릭터들에게 '호머, 마지, 리사, 마기'라는 자신의 가족 이름을 붙여주었다. 자신의 이름만 '맷Matt'에서 '바트Bart'로 살짝 바꿔 놓았다.

드디어 회의가 시작되었다. 방송사 간부 하나가 맷에게 물었다.

"호머는 무슨 일을 하나요?"

전혀 생각해보지 않았던 맷의 입에서 아무 말이나 튀어나왔다.

"호머는요, 원자력발전소에서 일하죠."

회의에 참석한 사람들이 웃음을 터뜨렸다. 바로 '심슨 가족'이 탄생한 순간이다! 첫 작품은 겨우 2분짜리였고, 등장하는 캐릭터들도 오늘날 우리가 알고 있는 모습과는 많이 달랐다. 바트의 머리는 좀 더 삐죽삐죽했고, 마지의 머리는 더 길었으며, 리사는 주책바가지였고, 호머는 한 번도 "또오D'oh"(호머가 곤란한 상황에서 내뱉는 말로 '아이쿠'라는 의미–역주)라고 말하지 않았다.

시청자들은 정작 코미디 쇼에는 관심이 없었고 '심슨 가족'에 열광했다. 이 방송사는 바로 폭스였는데, 곧바로 '심슨 가족'을 30분짜리 별도 프로그램으로 편성했다. '심슨 가족'의 대본을 아무 페이지나 펼쳐서 읽어본다면, 맷이 왜 스스로를 만화가가 아닌 작가로 여기는지 알 수 있다.

바트 이 공장 노동자들은 기계에 손이 잘린 적 없나요?

안내인 없어!

바트 손들이 바닥을 기어다니면서 사람들 목을 조르려고 한 적도요?

안내인 아니, 그런 일은 절대 없다고!

바트 튀어나온 눈알은요?

안내인 도대체 무슨 생각을 하는 거니? 여긴 그저 상자 만드는 공장일 뿐이라고!

– '바트 유명해지다' 중 '공장견학' 에피소드

'심슨 가족'은 황금시간대에 편성된 최초의 애니메이션 프로그램이라는 기록을 세웠다. 폭스의 경영자들은 아이들이 학교에서 돌아오는 오후 시간이 아니라, 전 가족이 함께 볼 수 있는 저녁 시간에 애니메이션을 편성하는 모험을 했다. 그리고 그 모험은 멋지게 성공했다.

불쾌하고 혐오스럽다는 비난도 있었지만, 각 편의 만화가 시작될 때 바트가 칠판에 쓰는 메시지엔 거의 모두가 웃음을 터뜨렸다. '내 바지를 다른 사람과 바꾸지 않을 거야', '콩은 뮤지컬도 아니고 과일도 아니다'와 같은 메시지는 사람들을 배꼽 빠지게 웃긴 것이 사실이었다.

'심슨 가족'은 많은 상을 받았다. '프라임타임 에미상'과 애니상(애니메이션 분야의 아카데미상-역주)을 각각 30회 이상 받았으며 '피버디상'까지 받았다. 2024년 현재 '심슨 가족'은 여전히 시청자들을 웃기고 있다. '심슨 가족'은 수없이 재방송되고 있기 때문에 방영이 끝날 날이 과연 올지는 의문이다.

Boys Who Rocked the World 5

가장 무섭고 가장 매혹적인 이야기꾼

★ 스티븐 킹 ★

STEPHEN KING

1947년~ | 작가 | 미국

★

고등학교 2학년인 스티븐은 자신이 만든 신문 '우웩 마을'을 반 친구들에게 보여주었다. 이 신문은 자신이 다니는 고등학교를 '우웩 마을'이라 표현하고, 학생과 선생님, 치어리더와 모범생, 문제아들을 마을 주민으로 묘사했다.

스티븐은 자신의 이야기가 재미있다고 생각했지만, 친구들도 이 얘기를 좋아해 줄지는 의문이었다. 그런데 스티븐의 걱정은 쓸데없는 것이었다. 학교 선생님을 모델로 한 '미스 잉여'와 '미스 구더기'에 대한 풍자 글이나 '암소들의 방귀 대회' 같은 가상 뉴스가 실린 이 신문은 그야말로 인기 폭발이었다.

얼마 가지 않아 학교의 모든 사람이 스티븐의 신문을 읽었고, 스티븐이 장담했던 것처럼 '배꼽이 빠지게' 웃었다. 선생님들 대부분은 스티븐의 신문을 개그로 생각했지만 '미스 구더기'로 묘사된 선생님만큼은 다큐멘터리로 받아들였다. 신문은 압수당했고, 스티븐은 방과 후 교장실에 가서 반성문을 써야 할 참이었다.

그런데 교장 선생님은 스티븐에게 반성문 대신 신문에 진짜 기사를 쓰도록 했다. 스티븐의 글 쓰는 능력을 인정해 스포츠 신문인

'리스본 엔터프라이즈'에 그를 소개해준 것이다. 미식축구에 빠져 있던 스티븐에겐 정말 안성맞춤인 알바였다. 그는 금세 전문적인 글쓰기에 통달했고, 단어당 1센트씩의 원고료를 받으면 행복한 학창 시절을 보냈다.

스티븐 킹은 1947년 미국 오리건주 포틀랜드에서 '기적의 아이'로 태어났다. 의사가 스티븐의 어머니에게 임신이 불가능하다고 했음에도 불구하고 임신과 출산에 성공했기 때문이다. 그러나 스티븐의 기적은 거기까지였는지도 모르겠다. 아기였을 때 아버지가 집을 나가 버렸고, 그때부터 어머니 혼자 가족의 생계를 책임져야 했다.

어머니는 일자리를 찾아 여기저기 떠돌다가 메인주의 농촌 마을에 정착했다. 외할아버지와 외할머니를 돌보기 위해서였다. 하지만 가난한 것은 매한가지였다. 스티븐 가족은 우물에서 마실 물을 길어 오고, 화장실이 없어 밖에서 용변을 해결해야 했다.

그곳은 작고 조용한 마을이었다. 외딴 시골집에서 늘 심심하게 지내던 스티븐은 만화책에 빠져들었다. 독서가였던 어머니는 아들이 책을 읽고 글을 쓰는 일을 격려했고, 스티븐이 이야기를 만들어 낼 때마다 25센트씩 용돈을 주었다. 스티븐은 일곱 살 때 처음으로 무서운 이야기 한 편을 완성했다. 공룡 한 마리가 작은 마을을 쓸어 버리는 내용이었다. 스티븐이 좋아한 책은 공포 만화, 과학 소설, 그리고 '반지의 제왕' 같은 판타지 소설이었다.

중학생 시절 그는 이미 이야기꾼으로 유명했다. 그는 학교 친구들을 주인공으로 하는 긴장감 넘치는 연재소설을 썼는데, 친구들은 스티븐에게 빨리 다음 편을 쓰라고 재촉했다. 친구들은 이야기 속에 등장하는 자신이 다음번에 어떤 일을 벌일지 궁금해 미칠 지경이었던 것이다.

고등학생이 된 스티븐은 미식축구팀에서 공격 포지션을 맡았고, 록 밴드에서 기타를 연주하기도 했다. 학교 수업에는 별 관심이 없었고 여전히 글 쓰는 일에 몰두했다. 그는 친구 '크리스 첼시'와 함께 자신이 쓴 호러 소설들을 모아 책을 만들었다. 낡은 등사기로 직접 인쇄한 것이었다. 책장을 넘기면 이런 글이 적혀 있었다.

> 경고한다. 당신이 침대에 누워 있을 때 괴이하게 삐걱대는 소리나 쿵쿵거리는 소리가 들린다면, 그 이유를 설명하기 어려울 것이다. 스티븐 킹과 크리스 첼시가 이 책에서 그 이유를 아주 자세히 설명해 줄 것이다.

고등학교를 졸업하기 전에 스티븐은 첫 소설 '후유증'을 완성했고 자신이 쓴 글을 출판사에 보내기 시작했다. 그가 쓴 단편소설 중 하나인 '나는 10대 무덤 도굴꾼이었다'가 출판되었고, 한 잡지의 에세이 공모전에 입상하기도 했다.

그 후 메인 대학에 입학한 스티븐은 글쓰기를 계속했고 대학 신문에 '킹의 쓰레기 트럭'이란 제목으로 매주 칼럼을 쓰기도 했다. 그는 영화, 책, 정치, 그 밖의 뭐가 됐든지 자신의 상상력을 자극하는 주제에 관해 글을 썼다. 그러는 동안 스티븐은 또 하나의 이야기를 '판매하게' 되었다. 단편소설 '유리 바닥'이 35달러에 팔린 것이다.

큰돈은 아니었지만, 스티븐은 글쓰기가 돈이 된다는 사실에 흥분했다. 그러나 작가로서 생계를 꾸려가는 일은 쉽지 않았다. 그는 대학 졸업 후 결혼해서 딸 하나를 두었고, 가족의 생계를 위해 세탁소에서 일하기도 했다.

1년 후 스티븐은 자신이 좀 더 좋아하는 직업을 구했다. 고등학교 영어 선생님이었다. 그는 글쓰기를 멈추지 않았고, 자신의 이야기가 비싼 값에 팔려 가계에 보탬이 되기를 바랐다. 스티븐은 '런닝맨'이란 소설을 수십 개 출판사에 보냈지만 모두 거절당했다(몇 년 후 이 소설은 아놀드 슈왈츠제네거와 샤론 스톤 주연의 영화로 만들어졌다). 그런데 한 출판사가 스티븐의 잠재력을 알아보고, 혹시 다른 소설을 쓰거든 연락하라고 했다.

그러나 그는 쉽게 다음 작품을 완성하지 못했다. 얼마간의 슬럼프 끝에 완성한 다음 작품이, 공포영화로 만들어져 대히트를 기록한 '캐리'였다. 텔레파시를 이용해 자신을 괴롭히는 반 친구들에게 복수하는 한 소녀의 이야기다. 그런데 스티븐은 자신이 완성한 이 소설이 마음에 들지 않는다고 쓰레기통에 던져 버렸다고 한다! 다행히 스티븐의 아내가 쓰레기 더미에서 그 원고를 찾아내 출판사에 보낸 것이다. 출판사에서 그 원고를 출판하겠다고 전보가 왔을 때 스티븐은 기뻐서 어쩔 줄 몰라 했다. 전보의 내용은 간단했다.

> 이제 '캐리'의 저작권은 더블데이 출판사에 있음. 선인세 2,500달러. 축하, 앞날을 기대하겠음.

출판사로부터 돈이 입금되었다. 당시 스티븐은 파산 직전이어서 집에 전화가 없었다. 그는 자신의 첫 소설이 출간된 것을 보고 힘을 얻었다(물론 집에 전화도 놓았다). 하지만 2,500달러는 그가 일을 하지 않아도 될 정도의 돈은 아니었다. 그런데 1973년 더블데이 출판사는 '캐리'의 보급판 판권을 다른 출판사에 넘겼고, 그 계약으로 스티븐에게 무려 20만 달러가 들어왔다!

'캐리'는 스티븐의 가장 인기 있는 소설 중 하나가 되었고, 1976년에는 '브라이언 드 팔마' 감독이 영화로 만들어 역전의 히트를 기록했다. 스티븐은 마침내 전업 작가가 될 수 있었다.

그 후 40년 동안 스티븐은 역사상 가장 공포스럽고 잘 팔리는 이야기들을 썼다. '살렘스 롯', '샤이닝', '미저리', '그린 마일', '드림캐처' 등등, 그는 쓰는 소설마다 수백만 달러씩을 벌었다. 킹의 가족은 한때 집이라고 불렀던 트레일러를 떠나 고풍스러운 대저택으로 이사했다. 저택엔 23개의 방이 있었고, 검은색 강철 담장은 박쥐와 거미줄로 장식돼 있었다. 늙은 육군대장의 유령이 출몰한다는 괴담이 돌던 집이었다!

스티븐은 61편의 장편소설과 2백여 편의 단편소설을 썼고 전 세계에서 3억 5천만 권 이상의 책을 팔았다. 또한 많은 소설이 영화화됐다. '캐리', '샤이닝', '스탠 바이 미', '쇼생크 탈출', '그린 마일' 등의 영화는 모두 히트작이 되었다.

고등학교 시절 친구들처럼 수백만 명의 열광적 팬들이 스티븐이 창조한 이야기 세계에 빠져들었다. 첫 이야기를 완성해 엄마에게 25센트를 받았던 때부터, 스티븐에게 글쓰기는 늘 인생을 건 도전이었다.

Boys Who Rocked the World 6

노벨 문학상을 받은 반전 가수

★ 밥 딜런 ★

BOB DYLAN

1941년~ | 가수 | 미국

★

열세 살 소년 3명으로 구성된 '골든 코드 밴드'는 무대 뒤에서 대기 중이다. 탭 댄서, 곡예사, 그리고 아코디언을 들고 있는 소녀 등 다른 지원자들이 의심스러운 눈초리로 소년들을 위아래로 훑어보았다. 번쩍이는 금색 옷을 입은 이 깡마른 아이들은 대체 뭘 하려는 걸까?

골든 코드 밴드의 소년들 모두가 긴장했지만, 밥 짐머만이 그중 최고였다. 밥은 긴장하면 한쪽 다리에 경련이 일어나면서 다리가 말을 안 들었다. 드디어 소년들의 차례가 돌아왔다. 동시에 밥의 다리가 거칠게 떨리기 시작했다. '이런, 안 돼!' 밥은 속으로 소리쳤다.

하지만 연주가 시작되자 밥은 음악 속으로 빠져들어 갔다. 그는 긴장에서 벗어나 피아노 건반을 두드리며 괴성을 지르고 몸을 흔들었다. 불안은 사라지고 관중들도 시야에서 사라졌다.

연주가 끝나고 무아지경의 상태에서 현실로 돌아온 소년들은 팬들의 환호를 기다렸지만, 전혀 예상 밖의 반응이 나왔다. 청중들은 냉담했다. 1957년 미네소타주의 히빙 마을은 그들의 혁명적인 로큰롤을 받아들일 준비가 안 되어 있었다.

히빙 중학교에서 좀 노는 애들은 모두 학교 밴드에서 활동했다. 열두 살 밥은 혼자 악기점에 가서 트럼펫을 샀다. 여러 날 트럼펫을 불고 또 불었지만 좀처럼 소리가 나지 않았다. 밥은 트럼펫을 색소폰으로 바꿨다. 색소폰은 더욱 한심했다. 밥은 색소폰도 악기점에 반납했다. 그 후 두 가지 악기에 더 실패한 끝에, 밥은 싸구려 기타를 하나 빌렸다. 그 기타가 밥의 세상을 바꿔 놓았다. 밥은 손가락이 까질 때까지 기타를 연습했다. 그 후로 밥은 늘 그 기타를 어깨에 비스듬히 메고 다녔다.

1950년대 히빙에는 라디오방송국이 딱 하나 있었는데, 그 방송국에서는 청소년을 위한 음악 따위는 들려주지 않았다. 중년 여성들이 좋아하는 남자 발라드 가수의 노래와 폴카만 틀었던 것이다. 맑은 날 밤이면 밥은 미시시피강을 따라 몇 킬로미터를 걸었다. 대도시 방송국으로부터 수신되는 로큰롤 음악을 듣기 위해서였다.

세월이 흘러 밥이 열여섯 살이 되었을 때, 히빙에 새로운 라디오방송국이 생겼고 일주일에 한 번씩 '짐 댄디'란 이름의 DJ가 방송을 진행했다. 짐 댄디는 밥이 좋아하는 블루스 음악을 틀어주었다!

짐 댄디를 추앙했던 밥은 아버지 차를 빌려 그를 만나기 위해 먼 길을 달려갔다. 마침내 그를 만났을 때 밥은 그가 아프리카계 미국인(흑인)이라는 사실에 깜짝 놀랐다. 당시 흑인이 라디오방송국에 들어가는 것은 쉬운 일이 아니었다. 밥은 짐 댄디의 격려를 받았을 뿐 아니라 그로부터 새로운 음악 세계를 소개받았다. 이때 만났던 음악들이 후일 밥이 자신만의 음악을 하는 데 영감을 주었다.

고등학교 졸업 후 밥은 히빙을 떠나 미니애폴리스에 있는 대학에 입학했다. 그는 히피 구역에서 커피를 홀짝거리고 포크 음악을 들었다. 1950년대 말에서 1960년대 초까지 미국에서 포크 음악은 저항의 목소리였다. 낡고 부패한 데다 쓸모없는 정부, 그리고 부당한 현실에 대한 젊은이들의 좌절이 노래로 표현되었다. 밥은 '밥 짐머만'에서 '밥 딜런'으로 이름을 바꾸고 포크 가수로서 새로운 인생을 시작했다.

1960년 그는 포크 음악의 중심지인 뉴욕으로 떠났다. 열여덟 살 밥은 모든 시대를 통틀어 가장 위대한 포크 가수가 되기로 결심한 것이다. 그는 하루 15달러씩 받으며 작은 카페에서 연주하는 한편 자신의 곡을 쓰기 시작했다.

당시 포크 음악을 하는 사람 중에 창작곡을 쓰는 사람은 한 명도 없었다. 포크 가수가 새로운 곡을 쓴다는 것은, 국가를 새로 작곡하는 것과 마찬가지로 신성 모독이었다. 그러나 밥은 배짱이 두둑했다. 그의 첫 번째 대규모 공연에서 그는 유명한 포크 음악 두 곡을 부른 다음, '우디에게 바치는 노래'라는 자작곡을 불렀다! 일부 청중은 좋아했지만 대부분은 그의 음악이 끔찍하다고 생각했다.

하지만 뉴욕타임스에 밥의 음악성을 극찬하는 논평이 실리자 사람들은 여기저기서 밥의 음악을 화제로 삼았다. 좋든 나쁘든, 나이

스물이 안 된 밥에 의해 포크 음악계가 바뀌기 시작한 것이다! 몇 달 후, 밥은 컬럼비아 레코드사와 계약했다.

밥의 첫 앨범은 그때까지 들었던 어떤 음악과도 달랐다. 당시 가수들은 대부분 가볍고 즐거운 사랑 노래만 불렀다. 하지만 밥은 달랐다. 전쟁, 인종차별, 빈곤 같은 소재를 노랫말로 만든 것이다. 그는 사람들을 노래로 흔들어 깨우고 세상을 바꾸고자 했다. 하지만 첫 앨범은 완전한 실패였다. 컬럼비아 레코드사는 계약 기간이 끝나는 대로 밥을 쫓아낼 생각이었다. 그러나 밥을 좋아했던 임원의 열렬한 지지로 밥에게 두 번째 기회가 주어졌다. 그 와중에도 밥은 곡을 쓰는 작업을 멈추지 않았다.

마침내 밥을 스타로 만든 곡이 만들어졌다. 전쟁 반대, 평화, 자유를 노래한 '블로잉 인 더 윈드**Blowin' in the wind**'가 그것이다. 밥이 이 곡을 완성한 곳은 시골 커피숍이었다고 한다. 그곳에서 연주하고 있던 밥의 친구는 밥이 악보를 끄적이는 것을 보고 장난삼아 청중에게 말했다.

"신사 숙녀 여러분, 지금 위대한 작사가 겸 작곡가가 만든 새 노래를 들어 보시겠습니다. 방금 완성된 따끈따끈한 곡이죠. 자, 갑니다."

첫 공연이 끝났을 때, 모든 청중이 벌떡 일어나 함성을 질렀다. '블로잉 더 윈드'는 밥 딜런의 첫 번째 히트곡이 되었고, 밥은 순식간에 유명해졌다. 그의 노래는 미국을 넘어 전 세계로 퍼져

지금 세상을 바꾸고 있는 10대

알렉 루어즈

Alec Loorz

열두 살 때 알렉은 '아이들 vs. 지구온난화'란 단체를 만들었다. 알렉은 지구온난화에 대한 흥미로운 내용의 발표문을 작성했고, 이를 본 앨 고어 전 미국 부통령이 그를 기후 프로젝트의 공식 발표자로 초청했다. 열여섯 살이 된 알렉은 미국 안에서 250회의 발표회를 했고 '아이매터 행진'의 리더가 되었다. 아이매터 행진은 2011년 43개국 이상에서 온 아동들이 함께한 행사로, 전 세계 사람들에게 지구온난화 문제에 대한 관심을 높였다.

나갔다.

그러나 밥은 스물다섯 살이 되자 탈진했다. 스타로 사는 것에 대한 압박감 때문이었다. 그는 이후 4년 동안 모습을 드러내지 않았다. 한동안 대중과 언론의 관심에서 벗어나 있던 시간은 밥에게 좋은 영향을 미쳤다. 4년 후 그는 특별 공연을 하며 음악계로 돌아왔고, 그 후 다양한 음악을 실험했다.

밥 딜런의 음악은 여전히 전 세계에서 연주되고 있고, 그 역시 오늘날까지 녹음과 연주를 계속하고 있다. 밥 딜런을 위대한 음악인으로 꼽는 것은 그의 노랫말이 아름다우면서도 깊은 생각을 담고 있기 때문이다. 미국의 많은 대학에 밥 딜런의 노랫말을 분석하는 강좌가 있을 정도이다.

밥은 1997년부터 노벨 문학상 후보에 여러 번 올랐다. 그리고 2016년 드디어 대중가수로서는 처음으로 노벨 문학상을 수상했다. 노벨상위원회는 선정 이유를 이렇게 밝혔다.

> 시와 사회의식을 음악에 접목한 그의 작업은 노벨상의 취지와 완전히 일치합니다. 밥은 노래를 통해 인권, 세계 평화, 환경 보존, 그리고 다른 여러 가지 중요한 전 지구적 문제에 대해 열정적인 관심을 보여왔습니다.

Boys Who Rocked the WORld 7

평생 인종차별과 싸운 헤어 디자이너

★ 비달 사순 ★

VIDAL SASSOON

1928~2012년 | 헤어 디자이너 | 영국과 미국

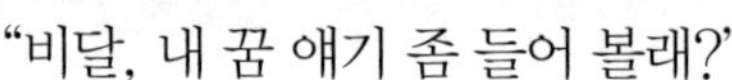

"비달, 내 꿈 얘기 좀 들어 볼래?"

어머니는 잠자는 소년을 흔들어 깨웠다. 비달이 잠에서 깨어나자 어머니는 꿈에서 아들이 이발소에서 일하면서 많은 돈을 버는 모습을 보았다고 말했다.

"엄마, 정말 말도 안 되는 꿈이에요."

소년은 어머니의 말을 막았다. 열네 살 비달은 머리를 자르거나 머리 모양을 만지는 일을 할 생각이 전혀 없었기 때문이다. 당시는 제2차 세계대전 중이었고 비달은 유대인이었다. 그는 정치인이 되어 파시즘과 나치즘에 대항해 싸우고 싶었다. 하지만 어머니는 비달의 장래 희망을 '쓸데없는 생각'으로 치부했다. 그녀는 곧바로 아들을 런던의 유명한 미용사 '아돌프 코헨'의 제자로 보냈다.

비달 사순은 1928년 영국에서 태어났다. 그의 청소년 시절은 한마디로 고난의 연속이었다. 아버지는 비달이 아주 어렸을 때 가족을 버렸고, 어머니는 비달과 어린 동생을 돌보느라 늘 허덕였다. 어머니는 자신의 언니 집으로 들어갔으나 거기서도 얼마 버티지 못했다. 어쩔 수 없이 비달과 동생은 교회가 운영하는 고아원에 맡겨졌다.

고아원에서의 첫날 밤, 다섯 살 비달은 침대 위에서 공처럼 몸을 잔뜩 웅크렸다. 다른 소년들은 그런 비달을 가만히 지켜보기만 했다. 그들 모두 똑같은 슬픔을 경험한 적이 있었기 때문이다. 비달과 동생은 그로부터 7년 가까이 고아원에서 살았다. 형제는 늘 굶주렸지만 고아원에서 몇 명의 친구를 사귈 수 있었다. 어머니는 한 달에 한 번 형제를 만나러 고아원에 들렀다. 비달의 소원은 오직 가족이 다시 함께 사는 것이었다.

그러던 어느 날 비달의 소원이 이루어졌다. 어머니가 재혼을 해서 비달과 동생을 집으로 데려가게 된 것이다. 어머니가 꿈에서 비달의 미래를 본 것이 바로 그때였다.

비달은 미용사 코헨의 미용실에서 미용 기술을 배웠다. 대부분의 고객이 여성이었다. 부인들의 머리를 돌돌 말아 모양을 만들고, 일주일 후에 다시 살롱을 방문할 때까지 머리 모양이 흐트러지지 않도록 충분한 양의 스프레이를 뿌려 고정해주는 것이 그의 주된 업무였다. 비달은 원장과 고객들의 기분을 맞춰 주기 위해 시키는 대로 일하기는 했지만, 일에 열정과 흥미를 느낄 수 없었다.

전쟁이 끝난 후, 비달은 '43그룹'에 가입했다. 43그룹의 소년들은 매일 밤 거리에 나가 파시스트를 추종하는 런던의 소년 갱단과 싸움을 벌였다. 제2차 세계대전의 종말과 함께 파시즘과 인종차별

주의가 물러갔다고는 하지만, 그런 사상을 지지하고 그에 따라 행동하는 사람들은 여전히 존재했다.

비달은 그런 차별이 잘못된 것이라 믿었으므로 열렬히 인종차별에 저항했다. 비달은 눈에 멍이 들거나 어딘가 다친 상태로 출근하는 일이 많아졌다. 전날 밤의 전투가 남긴 흔적이었다. 그런 날은 미용용품을 밟고 미끄러졌다는 식의 애매한 변명을 해야 했다.

1947년 유엔은 이스라엘이 나라를 세우는 데 찬성했다. 드디어 유대인들에게 안전한 장소가 생긴 것이다. 비달은 조국을 지키기 위해 자원해서 이스라엘로 갔다. 하지만 '새아버지가 심장 발작을 일으켰으니 빨리 집으로 돌아오길 바란다'라는 어머니의 전보를 받고 집으로 와야 했다.

런던으로 돌아온 비달은 자신의 이름을 건 미용실을 냈고 큰 성공의 길로 접어들었다. 비달 사순은 머리 모양에 대해 획기적이고 실용적인 생각을 했다. 그는 여성들이 매주 미용실에 오는 것을 귀찮아하고, 일주일 내내 빳빳한 머리 모양을 유지하는 것 역시 좋아하지 않는다는 사실을 알게 되었다.

비달은 여성들의 머리 모양을 자연스러우면서도 아름답게 손질했고, 화학제품을 발라 머리칼에 광택을 내는 일을 하지 않았다. 그리고 이런 시도는 타이밍이 딱 맞았다. 그때는 비틀즈와 나팔바지의 시대였다. 어머니 세대에 유행한 머리 모양을 하고 싶어 하는 여성은 없었다!

1963년 패션 디자이너 '메리 퀀트(미니스커트와 핫팬츠의 창시자—역주)'가 비달을 찾아왔다. 자신의 새로운 의상 디자인은 깃이 높은 것이 특징인데, 모델의 긴 머리가 그 깃을 덮는다는 게 문제였다. 메리는 뭔가 새롭고, 감각적이며, 재미있는 스타일을 원했다.

비달은 비대칭 스타일을 제안했다. 한쪽 머리카락은 턱까지 내려오고 다른 쪽은 훨씬 짧은 모양이었다. 또한 유명한 파이브 포인트 컷five-point cut을 개발했다. 양쪽 귀 앞에 뾰족한 톱니 모양을 만들고, 목덜미에 세 개의 톱니 모양을 더 만든 것이다. 비달은 곧 현대 헤어스타일의 창시자로 추앙받게 되었고 유럽, 미국까지 비달의 헤어스타일이 퍼져나갔다.

비달은 미국에까지 사업을 확장했다. 그는 미용실의 분위기도 새롭게 바꿨다. 조용하고 따분한 곳이 아니라 사교적이고 재미있는 미용실을 만들고자 한 것이다. 살롱에 록 음악을 틀었고, 최신 유행하는 옷을 입은 미용사들이 마치 미국 서부 시대의 총잡이라도 된 듯이, 벨트에 꽂힌 헤어드라이어를 빠른 손놀림으로 뽑아 들곤 했다. 당시 세상 여자들 모두 비달 사순의 미용실에 가고 싶어 했다고 해도 과언이 아니다.

현재 영국 런던과 미국 캘리포니아주 산타모니카에 있는 비달사순의 헤어 아카데미는 능력 있는 헤어 디자이너들을 교육하고 있다. 비달 사순의 미용실은 영국, 미국, 캐나다, 독일 등에서 찾아볼 수 있고, 비달의 이름을 상표로 한 미용 제품들이 판매되고 있다.

1982년 비달은 이스라엘의 헤브루대학에 반유대주의 연구센터를 세웠다. 그곳에선 인종차별이 전 세계에 미치는 영향을 연구하고 있다. 2004년 은퇴한 후에도 인종차별 철폐를 위한 노력은 계속되었다. 비달은 2012년 세상을 떠났지만, 차별 없는 세상이란 그의 꿈은 다른 이들을 통해 이어지고 있다.

구두의 예술가이자 혁명가

★ 살바토레 페라가모 ★

SALVATORE FERRAGAMO

1898~1960년 | 구두 디자이너 | 이탈리아, 미국

★

살바토레는 구두를 들어 불빛에 비쳐 보았다. 내일 이 구두를 신을 여동생을 생각하니 저절로 미소가 지어졌다. 그런데 구두 앞굽, 그러니까 판지 밑창과 캔버스 천 사이에 접착제가 살짝 흘러나와 있었다. 페라가모는 흰색 캔버스 천에 흠집이 나지 않도록 주의하면서 흘러나온 접착제를 긁어냈다. 구두는 다시 완벽해졌다. 평범한 소재를 사용했지만 구두는 멋지고 편안했다.

다음날, 아홉 살 소년 살바토레는 견진성사(천주교의 성사 의식 중 하나-역주)를 받기 위해 성당의 회랑을 걸어가는 여동생을 뿌듯한 마음으로 지켜보았다.

살바토레 페라가모는 1898년 이탈리아 나폴리 근처의 작은 마을에서 태어났다. 그는 11형제 중 막내였다. 부모님은 사랑이 넘치는 분들이었지만 집은 매우 가난했다.

살바토레의 형 네 명이 부자가 될 꿈을 안고 미국으로 떠날 때 살바토레도 데려가고 싶어 했지만, 그는 함께 가지 않았다. 나폴리의 구두 장인으로부터 구두 기술을 배우고 싶어 했기 때문이다. 열심히 기술을 배운 열세 살의 살바토레는 고향 마을에 구두 가게를 열었다.

그때쯤 미국에 간 형들이 보스턴에서 일자리를 얻었다는 소식을 보내왔다. 게다가 형들 중 하나가 구두공장에서 일한다지 않는가! 구두를 공장에서 대량으로 만든다는 게 어떤 것인지 강한 호기심이 일었다. 이제까지 살바토레는 모든 구두를 손으로 만들었고, 구두 한 켤레를 만드는 데 많은 시간이 들었기 때문이다.

수백 켤레 혹은 수천 켤레의 구두를 한 번에 만드는 방법을 배우는 것이야말로 미래를 위한 길이란 생각이 들었다. 그때부터 살바토레는 돈을 모으기 시작했고, 열네 살 때는 미국으로 가는 배표를 살 수 있었다. 드디어 형들과 합류한 것이다.

하지만 미국의 구두공장은 실망스러웠다. 기계 설비는 좋았지만, 생산된 구두들은 무겁고 뻣뻣하고 투박했다. 오히려 수제 구두의 진정한 가치를 깨닫게 된 계기가 되었다.

미국 동부에서 일하는 동안 살바토레는 서부 지역이 새롭게 떠오르고 있다는 소식을 듣게 되었다. 할리우드에 첫 번째 영화 스튜디오가 생겼다는 얘기를 들은 살바토레는 몇 년 후 서부로 이주했다. 좋은 품질과 세련된 디자인의 구두를 가장 원할 사람은 영화배우라고 생각했던 것이다.

살바토레는 산타바버라에 구두 가게를 열었다. 얼마 안 있어 그는 스타들의 구두를 만드는 사람으로 알려졌다. 오드리 햅번, 에바 페론, 마릴린 먼로 같은 스타들이 페라가모의 단골이었다. 살바토레는 영화 '오즈의 마법사'에 나오는 루비 슬리퍼를 만들기도 했다.

스타들은 세련되고 독특한 스타일 때문에 살바토레가 만든 구두를 좋아했다. 하지만 결코 편안하다고는 할 수 없었다. 살바토레는 대학에서 해부학 강의를 듣기 시작했고, 발의 뼈들이 어떻게 연결되었고 발의 어느 부위가 체중을 지탱하는지 등을 연구했다.

이러한 전문 지식을 응용해 살바토레는 구두 디자인에 변화를 주기 시작했고, 그 결과 고객들은 멋진 스타일뿐만 아니라 편안함까지 누리게 되었다. 그것은 눈부신 발전이었다. 살바토레가 만든 구두는 더욱 인기를 얻었고, 밀려드는 고객의 주문을 감당할 수 없었다.

더 많은 제품을 더 빨리 만들기 위해서는 미국식 대량생산 시스템의 도움을 받아야 했지만, 그는 이미 대량생산의 문제점을 알고 있었다. 살바토레는 자신의 가게에 제화공들을 고용해 대량생산을 할 생각도 해봤지만, 미국인 제화공들이 품질에 최선을 다할 것이란 확신이 없었다. 살바토레는 일단 이탈리아로 돌아가기로 했다.

1927년 그는 이탈리아 플로렌스에 자신의 가게를 열었다. 그리고 보스턴의 구두공장에서 보고 배웠던 것을 응용해 아주 섬세하게 작업장을 설계했다. 조립 라인을 설계하고, 여러 해 동안의 경험을 살려 구두 생산에 대한 매뉴얼을 만들었다. 작업장은 훌륭하게 돌아갔고, 할리우드 스타뿐 아니라 전 세계 유명인사들로부터 주문이 쏟아져 들어왔다.

하지만 얼마 지나지 않아 대공황이 덮쳤다. 엎친 데 덮친 격으로 제2차 세계대전이 시작되자 가죽을 비롯해 구두 원자재를 구하기 어려워졌다. 하지만 여동생의 구두를 만들던 아홉 살 적부터 살바토레는 구두 만드는 일이 얼마나 창조적일 수 있는지 알고 있었다. 살바토레 페라가모의 가장 유명한 구두 디자인들이 이 시기에 나왔다.

그는 쐐기 모양 굽에 코르크 소재의 밑창을 댄 여성용 구두를 만들었다. 가죽 대신 야자섬유를 엮어서 앞코를 두르고 발목을 감싸는 디자인을 하기도 했다. 살바토레는 마포, 플라스틱, 철사, 펠트천, 물고기 가죽 등 다양한 소재를 활용했다.

2차 세계대전이 끝난 후, 살바토레가 만든 구두는 다시 전 세계 사람들을 사로잡았다. 1947년 살바토레의 '보이지 않는 구두'는 권위 있는 '나이만 마커스 패션 상'을 받았다. '보이지 않는 구두'는 가늘고 투명한 플라스틱 끈으로 만들어졌고, 높은 쐐기꼴 굽이 있어서 발과 종아리를 날씬하게 잡아주는 디자인이었다. 사람들과 패션업계는 또 한 번 놀랐다.

그 후 살바토레는 구두 만드는 일을 계속했는데, 그중엔 순금으로 만든 구두도 있었다. 그는 뉴욕시에도 구두 가게를 열었고 핸드백도 디자인했다. 살바토레는 1960년 세상을 떠났지만, 아내와 자녀들이 사업을 이어가고 있다.

오늘날 살바토레 페라가모란 이름은 최고급 구두, 가방, 양복, 스카프, 넥타이, 안경, 시계, 향수로 유명하다. 전 세계 주요 도시에 그의 상점이 있는데, 그중 중국의 상하이 매장은 통굽 구두 조각상으로 앞면을 장식하고 있다. 1995년엔 이탈리아에 살바토레 페라가모 박물관이 문을 열었다.

판지와 캔버스 천으로 만든 여동생의 구두부터 순금으로 만든 화려한 구두까지, 살바토레 페라가모는 일생을 구두 만들기에 바쳤고, 전 세계 패션계에 큰 영향을 미쳤다. 2003년 그는 '로데오 드라이브 워크 오브 스타일 상'을 받으며 패션의 전설이 되었다.

Boys Who Rocked the World 9

핵무기 개발에 공헌한 평화주의자

★ 앨버트 아인슈타인 ★

ALBERT EINSTEIN

1879~1955년 | 물리학자 | 스위스, 미국

★

앨버트는 비탈진 산길을 오르고 있었다. 앞쪽엔 윈텔러 교수와 동급생 몇 명이 있었다. 윈텔러 교수는 학생들과 함께 알프스의 산으로 하이킹 가는 것을 좋아했다. 눈 덮인 산록에 햇살이 반짝이고 있었다.

그날도 앨버트의 머릿속엔 별별 생각이 떠오르고 있었다. '사람이 빛의 속도로 이동하면 어떤 일이 일어날까?' 골똘한 생각에 빠진 탓에 앨버트는 발을 헛디뎠고 절벽 쪽으로 미끄러지기 시작했다. 다행히 굴러떨어지기 직전에 친구가 쫓아와 자신의 지팡이를 내밀었다. 생각에 빠져 정신을 놓은 것은 이번이 처음도 아니었고 마지막도 아니었다. 교수님과 친구들은 늘 그러려니 했다.

앨버트 아인슈타인은 1879년 독일에서 태어났다. 그가 태어났을 때 가족의 걱정이 컸다. 그의 머리가 여느 아기보다 훨씬 컸기 때문이다. 하지만 아기는 건강했고 정상적인 소년으로 성장했다. 다섯 살 무렵 앨버트는 아버지에게 나침반을 선물받았다. 그는 하루 종일 나침반을 지켜보며, 나침반 바늘이 늘 같은 방향을 가리키게 만드는 힘이 무엇인지 알아내려 애썼다.

앨버트의 못 말리는 호기심은 학교 수업에 방해가 되기도 했다. 그는 자연에 숨어 있는 힘을 상상하며 백일몽에 빠져들곤 했다. 선생님들은 앨버트가 '느린 아이'라고 생각했고, 친구들은 '멍청이'라고 불렀다. 그가 수업에 적응하지 못하는 것은 어쩌면 당연했다. 당시의 수업이란 지식을 암기하는 수준이었고, 아이들에겐 질문조차 허락되지 않았다.

앨버트가 열두 살이 되었을 때, 가족의 지인이 기하학에 관한 책 한 권을 주었다. 그리고 그의 인생이 전환점을 맞았다. 열두 살 소년은 그 책을 재빨리 읽어치웠고, 그 후엔 힘과 물질, 우주를 주제로 한 과학책을 닥치는 대로 읽었다. 선생님과 친구들은 여전히 그를 바보라 여겼지만, 앨버트의 부모님은 아들의 비범함을 알아차렸다.

앨버트는 고등학교를 겨우 졸업하고 스위스에 있는 기술학교에 진학했다. 기술학교를 졸업한 후에는 스위스에 있는 특허 사무실에서 일하게 되었다. 보잘것없다고 생각할 수 있지만 앨버트는 직장에 만족했다. 새로운 발명에 대해 배울 수 있었고, 여유 시간이 많아 마음껏 물리학을 탐구할 수 있었기 때문이다.

그리고 3년 후, 지금은 모두가 알고 있는 상대성이론을 세상에 내놓았다. 상대성이론은 시간, 공간, 현실을 이해하는 새로운 관점이다. 다시 말해 기존에 정립된 모든 이론을 완전히 부정하는 것이었다.

과학자들은 경악했다. 하찮은 사무실 직원이 어떻게 이토록 혁명적인 이론을 내놓을 수 있다는 말인가? 그의 이론은 논쟁의 여지가 많았지만 그의 빛나는 지성은 모두가 인정했다. 여러 대학에서 교수 제의가 왔고 앨버트는 이를 기꺼이 수락했다. 유럽 전역에서 많은 교수와 학생들이 그의 강의를 듣기 위해 몰려왔다. 1922년 그는 노벨 물리학상을 수상했다. 그의 수상에 가장 놀란 것은 그를 멍청이라 놀렸던 초등학교 친구들이 아닐까 싶다.

아인슈타인의 관심 대상은 과학뿐만이 아니었다. 유럽에 사는 동안 그는 제1차 세계대전을 목격했고, 독일이 제2차 세계대전을 계획 중이라는 사실을 알게 되었다. 그는 독일 정부에 항의했지만 아무 소용이 없었다. 특히 유대인이었던 그는 생명의 위협을 느꼈다. 실제로 2차 세계대전이 끝날 때까지 나치는 수백만 명의 유대인을 학살했다. 1933년 아이슈타인은 미국으로 망명했다.

2차 세계대전이 시작되자 아인슈타인은 안절부절못했다. 독일 나치가 자신의 이론을 이용해 핵무기를 개발할 것이란 소문이 돌았기 때문이다. 만약 나치가 핵무기를 갖게 된다면 끔찍한 일이 벌어질 것이다. 그는 미국 대통령 프랭클린 루스벨트에게 편지를 보내, 핵무기 연구기금을 만들 것을 제안했다. 평화주의자였던 그로서는 어려운 결정이었을 것이다. 결국 미국 정부에 의해 핵무기가 만들어졌지만, 그는 핵무기 개발에 직접 관여하지 않았다.

1945년 8월, 독일의 동맹국이었던 일본에 원자폭탄이 투하되었다. 전쟁은 끝났지만 그 폭격으로 인해 수십만의 무고한 시민이 목숨을 잃었다. 아인슈타인은 한동안 그 충격에서 벗어나지 못했고, 남은 생애 동안 평화를 지키는 일에 앞장섰다.

1955년 아인슈타인은 심장병으로 세상을 떠났다. 그의 침대 옆에는 몇 개의 완성되지 않은 공식이 있었다. 그 누구도 그가 밝히려고 한 것이 무엇이었는지 짐작조차 하지 못했다. 그는 최고의 찬사를 받는 과학자였지만, 늘 이렇게 말했다고 한다.

"저에게 특별한 재능 같은 것은 없습니다. 그저 열심히 제 호기심을 좇았을 뿐이지요."

Boys Who Rocked the World 10

똑같이 그리기를 거부한 창조성의 불꽃

★ 파블로 피카소 ★

PABLO PICASSO

1881~1973년 | 화가 | 스페인

열다섯 살의 파블로는 이젤에서 조금 떨어져서, 자신이 그린 정물화를 바라보았다. 접시에 담긴 포도알 하나하나는 실물과 똑같았지만, 왠지 생기가 없는 듯 보였다. 피카소는 현실을 베끼는 것이 아니라 자신의 느낌대로 그리고 싶었다. 며칠간 다양한 붓질을 실험해본 끝에 마침내 마음에 드는 새로운 기법을 찾아냈다.

파블로의 아버지, 호세 또한 화가였다. 퇴근한 그는 아들에게 정물화를 완성했냐고 물었다. 파블로는 쭈뼛거리며 새로운 기법으로 그린 그림을 가리켰다. 호세는 아무 말 없이 아들이 그린 그림을 뚫어지게 바라보았다. 파블로는 자신이 뭔가 잘못한 게 아닐까, 불안한 눈빛으로 아버지의 말을 기다렸다. 드디어 아버지가 입을 열었다.

"아들아, 너의 재능은 참으로 훌륭하구나! 네 그림을 보니, 나는 계속 그림을 그릴 수 없을 것 같다."

피카소의 그림은 당시 주류인 사실주의 화풍이 아니었다. 그의 그림은 예술계를 발칵 뒤집어놓을 만큼 혁명적이었다. 그는 죽은 후에야 유명해지는 다른 예술가들과 달리 살아생전에 엄청난 영예를 누렸고 전 세계 사람들의 찬양을 받았다.

1881년 태어난 파블로는 수줍음이 많았고 공부를 아주아주 못했다. 아들이 뭐 하나 잘하는 구석이 없었지만 파블로의 어머니는 늘 아들에게 말했다.

"아들아, 네가 군인이 된다면 장군이 될 테고, 가톨릭 사제가 된다면 결국 교황이 될 거란다."

아버지가 미술 선생님이었던 덕분에 파블로는 어릴 때부터 그림과 친했다. 겨우 열 살에 자신의 작품을 완성했고, 열네 살에 바르셀로나 미술 아카데미에 입학했다. 미술 아카데미 시절, 그는 선생님들에게 불만이 많았다. 어느 날 파블로가 '늙은 어부'를 그렸는데, 그 그림이 사실적이지 않다는 이유로 선생님이 인정하지 않았기 때문이다. 하지만 그는 자신의 화풍을 포기하지 않았다.

그는 열여섯 살 무렵부터 세상의 영예를 얻기 시작했지만, 그의 그림은 워낙 독특해서 세상의 비난 또한 받아야 했다. 파블로는 자신에게 쏟아지는 비난을 이해할 수 없었다. 그저 자신의 느낌을 자유롭게 표현한 것 뿐인데.

자신의 조국인 스페인에 실망한 파블로는 파리로 떠났다. 파리는 예술의 중심이었고, 예술가들이 새로운 실험을 할 수 있는 장소라 생각했기 때문이다.

파블로의 예술적 도약은 불행한 사건을 통해 이루어졌다. 열아홉 살에 가장 친했던 친구가 스스로 죽음을 택했기 때문이다. 파블로는 깊은 슬픔에 빠졌고, 작품에도 이런 상태가 반영되었다. 파블로는 노숙자, 장애인, 거지, 창녀와 같은 사회 하층 계급의 사람들을 그리기 시작했다. 작품들은 푸른색과 회색이 주조를 이루었다. 이전의 그림들과 완전히 다른 작품 세계다. 1901년부터 1903년까지를 우리는 '피카소의 청색 시대'라 부른다.

1904년 파블로의 그림이 또 한 번 바뀐다. 그가 사랑에 빠진 것이다. 사랑의 힘으로 슬픔에서 빠져나온 파블로는 분홍색, 장미색, 황토색 등을 배합해 그림을 그리기 시작했다. 그림의 소재도 달라졌다. 알록달록한 옷을 입은 서커스 공연자나 예술가들을 그리기 시작한 것이다. 이 시기를 '피카소의 장밋빛 시대'라 부른다.

파리에서 자신감을 얻은 피카소는 다른 창조적 기법들을 탐색했다. 그는 아프리카 예술과 기하학 도형에 대해 공부하기도 했다. 이 공부를 통해 피카소를 최고의 화가로 만든 새로운 스타일, 입체파가 탄생했다.

그러나 사람들은 피카소의 이상한 그림에 충격을 받았다. 그의 그림은 너무 추상적이어서 도대체 무얼 그린 건지, 무얼 전달하려는 건지 짐작할 수 없었다. 그들이 보기엔 마치 유리가 깨지듯 산산조각이 난 그림을 얼기설기 붙여놓은 것 같았다.

많은 사람이 괴상하다며 그의 그림을 비판했지만, 일부는 파블로의 창조성을 찬양했다. 입체파는 곧 예술계 최대의 화제가 되었고, 얼마 가지 않아 파블로의 그림은 부르는 것이 값이 되었다.

그는 입체파를 대표하는 화가였지만, 평생 자신의 화풍에 대한 실험을 멈추지 않았다. 그는 수천 점의 작품을 남겼는데 그림뿐 아니라 무대장치 설계, 책의 삽화, 조각, 도자기, 염색, 콜라주 등 그 분야가 매우 다양했다.

파블로의 대표작으로 불리는 작품 '게르니카'는 스페인 내전에 반대하는 의미에서 창작되었다. 그에게 그림은 사회의 불의와 싸우는 수단이기도 했다. 파블로는 죽음을 앞둔 순간까지도 붓을 놓지 않았다. 91세로 세상을 떠나기 전, 그가 마지막으로 그린 그림은 자화상이었다.

Boys Who Rocked the World 11

귀마개부터 증기 보일러까지, 발명에 미치다

★ 체스터 그린우드 ★

CHESTER GREENWOOD

1858~1935년 | 발명가 | 미국

★

체스터는 새 스케이트의 끈을 묶었다. 그런 다음 연못의 유리알같이 매끄러운 얼음 위를 미끄러져 갔다. 그날은 미국 동부 최북단에 있는 메인주의 파밍턴에서도 특히 춥고 바람이 심한 날이었다. 연못에는 스케이트를 타러 온 아이들이 아무도 없었지만, 체스터는 신경 쓰지 않았다. 날씨가 좀 춥다고 크리스마스 선물로 받은 새 스케이트를 신을 기회를 미루고 싶진 않았기 때문이다.

하지만 추위는 매서웠다. 얼마 안 있어 체스터의 귀에 찌르는 듯한 통증이 밀려왔다. 그는 털가죽 모자를 싫어했다. 머리에 잘 맞지도 않았을 뿐 아니라 턱끈을 조이면 어린애처럼 보였기 때문이다. 체스터는 열다섯 살, 사춘기 남자아이였다.

그는 장갑 낀 손으로 귀를 문질러봤지만 별 도움이 되지 않았다. 목도리를 꺼내서 머리에 둘렀더니 몰골이 말이 아니었다. 게다가 목도리는 너무 커서 너덜거렸고 얼굴을 간지럽혔다. 체스터는 할 수 없이 터덜터덜 걸어 집으로 돌아왔다.

그날 밤, 체스터는 그 문제를 해결하기 위해 머리를 싸맸다. 그는 철사를 반원 모양으로 구부려 머리에 맞춰 보았다. 그러고는 철사의 양쪽 끝부분을 자기 귀 크기에 맞춰 동그랗게 구부렸다.

"할머니, 여기 동그란 부분에 모피를 대고 꿰매 주세요."

이렇게 해서 인류 최초의 귀마개가 탄생했다!

체스터 그린우드는 1858년 12월 메인주에서 태어났다. 그곳의 겨울은 혹독하게 추웠다. 아버지는 마차, 짐수레, 다리 등을 만드는 일을 했고, 그 영향으로 체스터 형제들은 무엇이든 만드는 것을 좋아했다. 어린 시절부터 체스터는 사업가 기질을 보였다. 집에서 닭을 키워 달걀을 팔고, 그 돈으로 사탕을 사서 이웃에게 되팔았다.

어느 추웠던 그날로부터 3년이 채 안 되어 체스터는 '그린우드의 챔피언 귀 보호구'로 특허를 땄다. 누구라도 체스터의 디자인을 사용하려면 그에게 돈을 지불해야 했다. 체스터는 길이 조절이 가능한 강철 띠와 접었다 폈다 할 수 있는 경첩을 단 형태로 디자인을 개량하는 작업에 착수했고, 그 결과 귀마개는 접어서 주머니에 넣을 수 있게 되었다.

체스터는 귀마개를 대량 생산하는 기계를 고안했고, 스물두 살에는 박람회에서 자신의 제품과 생산 과정을 소개했다. 그는 박람회 메달을 받았을 뿐 아니라 1883년 한 해 동안에만 3만 개의 귀마개를 팔았다.

체스터의 아이디어는 귀마개에서 끝나지 않았다. 당시에는 증기로 난방을 했다. 커다란 증기난로가 건물의 지하실에 설치되어 있고, 거기서 관을 통해 건물의 각 방에 뜨거운 수증기를 보내는 방식이었다. 이 시스템은 난방 온도를 조절할 수 없고 위험하다는 단점이 있었고, 실제로 건물에 불이 나기도 했다. 체스터는 좀 더 효과적이고 안전한 증기난방 시스템인 보일러를 발명했다.

체스터의 많은 발명품들은 특허를 받지 않았다. 마을 사람들은 문제가 생길 때마다 체스터를 찾아왔다. 체스터는 하루나 이틀 정도 생각해서 친구나 이웃들을 위한 기계를 뚝딱 만들어 주곤 했다.

체스터가 발명한 것 중에는 주방용 밀대나 나무에 구멍을 뚫는 기계 같은 것도 있었다. '기계 고양이'란 별명이 붙은 쥐덫, 끓고 있는 튀김 기름에서 안전하게 도넛을 꺼낼 수 있는 튀김용 갈고리도 선풍적인 인기를 모았다. 또한 오늘날의 비행기에 장착된 착륙 장치를 설계하는 데도 기여했다.

1890년대 말, 체스터는 자신이 살고 있던 지역 최초의 전화 회사를 차렸다. 체스터는 그 회사에 필요한 모든 설비를 직접 제작하기도 했다. 사람들은 체스터의 전화가 제대로 잘 들리려면 먼저 그린우드 귀마개부터 벗어야 할 거라고 농담을 주고받았다.

그가 60세가 되었을 때였다. 체스터는 항상 앞쪽 가장자리 부분부터 헤지는 주전자에 진절머리가 났다. 누구나 주전자를 앞으로 기울여 물을 따르기 때문에, 과도한 압력이 가해지는 그 부분이 가장 먼저 헤질 수밖에 없었다.

체스터는 이 문제를 해결하기 위해 주전자의 주둥이 아래에 주전자 바닥으로부터 수평을 이루는 다리 하나를 추가했다. 이 다리가 물을 따를 때 주전자를 지탱해 주니까 주전자는 훨씬 더 오래가게 되었다. 이 제품은 귀마개만큼이나 크게 히트했다.

체스터가 특허를 받은 마지막 발명품은 강철로 만든 '스프링식 써레날 갈퀴'였다. 오늘날 우리는 목초, 모래, 흙 등을 갈퀴질할 때 이것을 쓰고 있다.

체스터는 130개 발명에 특허를 받았지만(사실은 그보다 훨씬 많은 것을 발명했다), 사람들은 그를 최초의 발명인 귀마개로 기억한다. 그가 살았던 메인주 파밍턴에서는 12월 21일을 '체스터 그린우드의 날'로 정하고, 12월 첫 토요일에는 사람들과 물건 모두에 귀마개를 씌우고(자동차와 동물들까지도 귀마개를 한다!) 거리를 행진한다. 스미스소니언협회는 체스터를 미국의 뛰어난 발명가 15인 중 한 명으로 선정했다.

Boys Who Rocked the World 12

그래도, 지구는 돌고 진리는 밝혀진다

★ 갈릴레오 갈릴레이 ★

GALILEO GALILEI

1564~1642년 | 발명가, 물리학자 | 이탈리아

★

갈릴레오는 지루해 죽을 지경이었다. 수학 공부로 지친 몸과 마음을 달래려고 성당의 미사에 참석했지만, 안타깝게도 신부님 말씀은 너무 따분했다. 졸음이 와서 머리가 자꾸 아래로 떨어졌다.

졸음을 떨쳐내려고 머리를 쳐들었는데, 너무 쳐든 나머지 그의 눈에 성당의 천장이 들어왔다. 저 높은 곳, 사슬에 매달린 램프가 바람에 흔들흔들하고 있었다. 램프가 그리는 궤적을 보다가 다시 잠에 빠지려는 찰나, 그의 머릿속을 무언가가 스쳐 지나갔다. 램프의 흔들림에 어떤 패턴이 있음을 깨달은 것이다.

잠이 달아난 갈릴레오는 램프가 한쪽 끝에서 다른 쪽 끝까지 가는 데 걸리는 시간을 재어보았다. 당연히 시계는 없었으므로 자신의 맥박이 몇 번 뛰는 동안의 시간인지를 재었다. 성당의 창문을 통해 바람이 불어오고 있었다. 그런데 바람이 불어와 램프가 크게 흔들릴 때나 바람이 잠잠해져서 램프가 작게 흔들릴 때나, 한 번 왕복할 때 걸리는 시간은 똑같았다.

지금이야 중학생만 돼도 "당연한 거 아냐?"라고 하겠지만, 당시에는 절대 당연한 일이 아니었다. 400년 전 사람들은 물질세계를 작동시키는 힘에 대해 알지 못했다. 그렇게 따분했던 미사 시간의 관찰을 통해 열여덟 살의 갈릴레오는 최초의 기계식 시계를 만들었고, 그 후 세상이 어떻게 움직이는지를 밝히는 데 평생을 바쳤다. 그는 인류 최초의 물리학자였던 셈이다.

갈릴레오의 위대함은 의심하는 태도에 있었다. 그는 모든 사람이 믿는다는 이유로 뭔가를 믿지 않았다. 그의 이런 태도는 어린 시절에 만들어졌다. 아버지 덕분이었다. 그의 아버지는 고정관념을 싫어했으며, 특히 권위를 가진 사람이 자신의 권위로 다른 의견을 찍어누르려는 태도를 경멸했다.

갈릴레오가 열한 살이 되자, 지식에 목말라 있는 아들을 더 이상 자신이 가르치기 어렵다고 판단한 아버지는 그를 수도원 부속 학교에 보냈다. 수도원의 평화로운 생활이 마음에 든 갈릴레오는 열세 살 무렵 사제가 되고 싶어 했다. 아버지는 당황했다. 갈릴레오가 좋은 직업을 가지고 돈을 많이 벌어서 가족을 부양하리라 믿었기 때문이다. 400년 전에도 돈 잘 버는 직업은 의사였나 보다. 아버지의 고집을 이기지 못한 갈릴레오는 피사대학에 입학해 의학을 배우기 시작했다.

하지만 갈릴레오는 의학에 흥미를 느끼지 못했다. 그는 아버지를 끈질기게 설득한 끝에 다시 수학 공부를 할 수 있었다. 결국 아버지가 항복한 것을 보면 갈릴레오는 훌륭한 설득력과 논쟁 실력도 갖추고 있었음이 틀림없다.

피사대학에 다니는 동안 갈릴레오는 여러 지식인과 논쟁을 벌였고, 교수들은 그를 '논쟁'이란 별명으로 불렀다. 갈릴레오는 교수들이 '팩트'라고 가르치는 것들을 믿지 않았고, 검증되기 전까지는 절대 받아들이지 않았다.

스물한 살이 된 갈릴레오는 학위도 받지 않은 채 대학을 떠났고, 4년 후 강사 자격으로 다시 대학으로 돌아왔다. 그는 수학을 가르치면서 여전히 논쟁을 즐겼다. 당시 대학들은 1,800년 전 사람인 아리스토텔레스의 학설을 비판 없이 따랐다. 아리스토텔레스의 주장 중 하나가 무거운 물체는 가벼운 물체보다 더 빠른 속도로 떨어진다는 것이다. 하지만 아리스토텔레스는 실제로 그런지 실험해본 적이 없다.

갈릴레오는 매우 간단한 실험으로 아리스토텔레스가 틀렸음을 증명했다. 여기서 그 유명한 일화가 나온다. 그는 피사의 기울어진 탑에 올라가 납으로 만들어진 공 두 개를 떨어뜨렸다. 무거운 공과 가벼운 공이었다. 사람들은 1,800년간 믿었던 진리가 뒤집히는 것을 멍하니 지켜보았다.

갈릴레오는 곧 유명해졌고 많은 사람의 생각을 바꾸는 데 성공했다. 하지만 그만큼 적이 생겼고, 그를 미워한 대학교수들에 의해 대학에서 쫓겨나기도 했다. 그는 친구의 도움으로 보다 개방적인 파두아대학에서 강의할 수 있었다.

1609년 네덜란드에서 망원경이 발명되었다. 멀리 있는 물건을 3배까지 확대할 수 있는 것이었다. 지금 기준으로는 장난감에 불과했지만 갈릴레오의 호기심을 불러일으키기에는 충분했다. 그는 네덜란드에서 만든 망원경의 성능을 훨씬 넘어서는 30배율의 망원경을 만들었다. 전장에서 적군의 움직임을 탐지하는 데 사용할 만큼 성능이 좋았다.

그런데 갈릴레오의 관심은 멀리 있는 물건도 적군도 아니었다. 그는 망원경으로 우주를 관찰할 수 있지 않을까, 하는 혁명적인 생각을 했다. 그는 망원경으로 하늘을 관찰했고, 달에는 산과 분화구가 가득하다는 사실을 발견했다. 아리스토텔레스의 또 한 가지 오류를 찾아낸 것이다.

아리스토텔레스는 지구가 우주의 중심이며, 태양을 비롯한 천체가 지구 주위를 돈다고 주장했다. 당시 최고 권력을 갖고 있던 가톨릭교회는 아리스토텔레스의 주장에 동의했다. 지구가 우주의 중심이므로 인간 역시 우주에서 가장 우수한 존재였다. 이에 반대하는 것은 감히 신의 권능을 무시하는 것이므로 고문과 죽음이라는 무시무시한 형벌이 내려졌다.

당시 폴란드의 천문학자인 코페르니쿠스가 우주의 중심은 태양이라는 학설을 이미 내놓았지만 아무도 그를 믿지 않았다. 단, 갈릴레오만 빼고. 그는 성능이 향상된 망원경으로 천체를 관찰한 결과 코페르니쿠스의 생각이 옳았음을 확인했다. 그리고 '별들의 사자'란 책에서 지구가 태양의 주위를 돌고 있다고 주장했다. 51세가 된 갈릴레오는 이 책 때문에 큰 곤경에 처했다. 자신의 이론을 포기하지 않으면 죽음을 당하게 된 것이다. 그는 어쩔 수 없이 자신의 이론이 오류였다고 말해야 했다.

하지만 남은 생애 동안 그는 자신의 신념을 위해 교회와 맞서 싸웠다. 교회 당국은 고문과 사형으로 그를 협박했고 가톨릭교회의 비밀경찰이 일거수일투족을 감시했지만, 그는 소신을 굽히지 않았다. 그는 진실에 관해 글을 쓰고 가르치는 일을 계속했다.

그런데 왜 그는 목숨을 던져 진리를 지키지 않았을까? 어떻게든 살아남아 더 많은 발견을 하고 싶었던 걸까? 아마도, 진리는 결국 밝혀질 것임을 믿었기 때문일 것이다. 갈릴레오의 위대함은 그의 발명품이나 발견에 있지 않고, 무지한 법과 권력에 맞서 진리를 탐구했던 굳은 신념에 있다.

어느 시대나 고정관념에 사로잡혀 진리를 외면하는 세력이 있다. 갈릴레오의 시대에는 그것이 검증되지 않은 신념에 집착하는 종교와 대중이었을 것이다. 그렇다면 오늘날 진리를 가로막는 적은 누구일까? 갈릴레오가 우리에게 던지는 질문이다.

Boys Who Rocked the World

CHAPTER 2

불우한 환경과 장애에도 꺾이지 않은 10대들

아동 노동의 문제를 세상에 외치다!

★ 옴 프라카시 구르자르 ★

OM PRAKASH GURJAR

1992년~ | 사회운동가 | 인도

★

옴은 농장에서 일했다. 해충을 막기 위해 농약을 뿌릴 때면 독한 농약을 들이마셔 콧속이 부풀어 오르기도 했다. 옴은 가축을 돌보고 외양간에 쌓인 가축의 분뇨도 청소해야 했다. 어린 소년에겐 가혹한 일이었다. 옴은 자기 또래의 모든 아이들이 자기처럼 살지는 않는다는 것을 알고 있었다. 학교에 다니는 아이도 있고 축구를 하는 아이도 있다. 그런 아이들은 매일 밤 지쳐 곯아떨어지는 일도 없을 것이다.

옴 프라카시 구르자르는 1992년 인도의 라자스탄 지방에서 태어났다. 다섯 살이 되자 옴은 가족과 함께 지주의 농장에서 일했다. 하루에 두 끼만 먹고 하루 종일 일해야 했는데, 만약 불평이라도 하면 매질이 쏟아졌다.

밭에서 잡초를 뽑던 옴은 먼 곳에서 온 사람들을 떠올렸다. 구호단체에서 일하는 사람들 말이다. 그들은 지금 옴이 하는 일이 '미성년 노동'이며 '부당한 일'이라고 했다. 그들의 말이 맞다면 가족이 지주에게 진 빚을 갚기 위해 이렇게 끝없는 노동에 시달리는 것은 분명 부당한 일이다.

구호단체 사람들은 옴을 지옥 같은 노동에서 해방시켜 주려 했지만, 그게 쉽지 않다는 사실을 옴이 가장 잘 알았다. 무엇보다 가족들은 지주를 두려워했고 구호단체 사람들의 말을 헛된 약속이라고 생각했다. 옴이 사는 곳에서는 그 누구도 어린아이에게 일을 시키는 것이 부당한 일이라고 생각하지 않았다. 지주 역시 아버지가 진 빚 대신 아들에게 노동을 시키는 것이 당연하다고 여겼다. 그래도 어쩌면 희망이 있지 않을까? 구호단체 사람들이 지주를 설득할 수만 있다면 얼마나 좋을까? 현실은 절망적이었지만 옴은 결코 절망하지 않았다.

2000년 옴은 BBA란 아동 구호단체에서 온 운동가들을 만났다. BBA는 미성년 노동과 아동의 인신매매를 막고 착취당하는 아이들을 돕기 위해 결성된 단체다. 운동가들은 옴의 부모님을 만나 아동의 권리에 대해 알려주었고 지주에게 압력을 넣었다.

마침내 운동가들의 노력이 결실을 거두어, 옴은 라자스탄에 있는 BBA 본부(발 아쉬람)에서 살게 되었다. 그곳에서 교육을 받으면서, 옴은 자신과 같은 아이들을 보호하기 위해 만들어진 법이 있다는 사실도 알게 되었다.

아동의 권리에 대한 유니세프 헌장은 전 세계에서(물론 인도를 빼고) 지켜지고 있다. 발 아쉬람에서 옴은 엄청난 경험을 하게 되었다. 바로 학교에 다니게 된 것이다. 학교에 다닌 지 얼마 안 되어서 그는 아동의 권리에 대해 발표했다. 선생님과 학생 모두 자신이 아동 노예였음을 고백하는 옴의 이야기에 큰 감동을 받았다.

옴은 라자스탄에서 무상 공교육이 실시되고 있다는 사실도 알게 되었다. 그런데 옴의 학교에서는 1년에 100루피의 학비를 받고 있다. 옴은 당장 지역의 치안판사를 찾아가 잘못된 일을 바로잡아 달라고 요청했고 지방법원에도 청원서를 냈다. 라자스탄의 법원은 학교가 수업료를 받는 것은 불법이므로 이제까지 받은 모든 수업료를 반환하라고 판결했다.

옴은 자신을 구해준 BBA와 함께 일하기로 했다. 그는 라자스탄 지역에서 500여 명의 아동에게 권리를 찾아주었고, 출생등록이 되지 않은 아동이 등록되도록 도움을 주었다. 미성년 노동으로 착취당하고 있는 아동 중에는 자기 나이가 몇 살인지, 부모 이름이 무엇인지 증명할 서류가 하나도 없는 경우가 많았다. 출생등록은 착취 노동으로부터 아동을 보호하는 첫 단계였다.

아동 착취를 막고 인도 전역에서 아동의 삶을 향상시킨 공로를 인정받아, 옴은 2006년 '국제아동평화상'을 받았다. 아동 복지를 위해 애쓴 개인이나 단체에 수여되는 세계 최고의 상이다. 네덜란드 암스테르담에서 열린 시상식에 아프리카공화국의 전임 수상인 F. W. 드 클락이 시상자로 나왔다. 넬슨 만델라와 함께 노벨평화상을 받았던 인물이다.

옴은 자신이 받은 10만 유로의 상금을 전액 두 개의 단체에 기

··············· 지금 세상을 바꾸고 있는 10대 ···············

바루아니 은두메

Baruani Ndume

바루아니는 열악한 탄자니아의 난민촌을 변화시키기 위해 일하고 있다. 그는 콩고민주공화국에서 탈출한 3만여 명 아이 중 하나였고, 그 아이들 대부분은 부모와 헤어져 연락이 끊어진 상태다. 바루아니는 아이들이 역경을 극복하도록 돕고 부모를 만날 수 있도록 라디오 프로그램을 만들었다. 2009년 열여섯 살이 된 바루아니는 인도주의적 노력과 빛나는 활약상을 인정받아 '국제아동평화상'을 수상했다.

부했다. 인도의 '아동과 부녀자 인신매매, 억압, 매춘을 종식시키는 모임'과 네팔의 '국민복지서비스위원회'다. 두 단체 모두 미성년 노동으로부터 아동을 구하기 위해 일하고 있다.

국제아동평화상을 받고 인도로 돌아온 옴에게 대통령과 정치인들이 앞다퉈 만나자고 제안했다. 옴은 그들과 함께 인도의 미성년 착취 노동을 막을 다양한 방법을 논의했다. 얼마 후 옴은 인도를 방문한 고든 브라운 영국 총리를 만났다. 브라운 총리는 옴과의 만남 후, 인도의 극빈층 아동 교육을 위해 영국이 3억 유로를 투자하겠다고 발표했다. 옴은 지금도 BBA와 함께 일하며 전 세계에서 아동 노동이 없어지는 날이 오기를 소망하고 있다.

Boys Who Rocked the World 14

정체성과 자긍심의 가치를 알려준 작가

★ 셔먼 알렉시 ★

SHERMAN ALEXIE

1966년~ | 작가 | 미국

★

두 돌이 채 안 된 아이였지만, 셔먼은 빳빳하고 깨끗한 새 책이 매우 흡족했다. 이제까지 그가 읽었던 책은 거의 이삼십 년은 된 듯한 구겨지고 지저분한 것들이었다. 게다가 이 책은 흑인 소년 이야기를 다루고 있었다.

'눈 오는 날'이라는 제목의 이 그림책은 첫눈이 내린 후, 흑인 소년 피터가 눈으로 여러 가지 재미있는 놀이를 하는 내용이다. 셔먼은 흑인도 아니었고 도시에 살지도 않았지만, 책 속의 주인공이 친구처럼 느껴졌다. 그는 인디언 보호구역에 살고 있는 아메리카 원주민이었다. 셔먼은 책에서 흰 피부색을 갖지 않은 아이를 보게 되리라곤 상상하지 못했다. 셔먼과 책 속의 주인공 피터는 다른 점보다 비슷한 점이 많았다.

셔먼은 어른이 된 후에도 '눈 오는 날'을 처음 읽었을 때의 느낌을 잊지 못한다고 말했다. 그는 자신의 이야기를 쓰면서도 독자들이 유대감을 느낄 수 있는 등장인물을 창조하려고 애썼다.

셔먼 알렉시는 1966년 워싱턴주의 스포케인에서 아메리카 원주민 부모에게서 태어났다. 셔먼은 뇌 속에 물이 차는 병인 뇌수종을 진단받아 태어난 지 6개월 만에 수술을 받았다. 의사들은 셔먼이 평생 정신적 장애를 겪을 것이라고 말했지만, 완전히 잘못된 예측이었다. 셔먼의 지능은 높았고 세 살이 되었을 때 이미 책을 읽을 수 있었다.

인디언 보호구역에서의 생활은 쉽지 않았다. 모두가 가난했고 많은 사람이 술과 약물에 빠져 살았다. 게다가 보호구역 안은 양아치들의 소굴이었다. 셔먼은 뇌수종의 후유증으로 종종 발작을 일으키곤 했기에 양아치들은 그를 괴롭힘의 대상으로 삼았다.

셔먼은 가까운 마을에 있는 학교에 다니기 시작했는데, 그는 학교의 유일한 아메리카 원주민이었다. 보호구역 안에 사는 이웃들은 셔먼이 자신들을 배신했다고 비난했지만, 사실 셔먼은 학교에서 늘 외톨이였다. 이때의 경험이 '어느 파트타임 인디언의 진짜 일기'란 책을 쓰는 데 영감을 주었다고 한다.

셔먼은 아주 어려서부터 책 읽기를 좋아했다. 그런데 의외로 글을 쓰기 시작한 것은 대학생이 되어서였다. 대학에 입학하는 일 자체가 쉽지 않았다. 당시 아메리카 원주민이 대학에 간다는 것은 있을 수 없는 일이었고, 셔먼이 살던 보호구역에서 대학을 나온 사람은 아무도 없었다. 그의 형과 누나들은 셔먼을 대학생으로 만들기 위해 희생해야 했다.

처음에 셔먼은 의학에 관심을 가졌는데, 워싱턴 주립대학의 시쓰기 강의를 들은 후 마음이 바뀌었다. 그때 한 교수가 아메리카 원주민이 쓴 소설을 셔먼에게 선물했다. 셔먼은 한 인터뷰에서 그때의 경험을 이렇게 말했다.

"뭐가 됐든 인디언이 만든 독창적인 것을 본 것은 그게 처음이었어요. 작가는 인디언으로서 느끼는 매일매일의 절망을 살아있음의 마법과 결합시켰습니다. 그것은 내게 하나의 계시였어요."

이후 셔먼은 글쓰기에 푹 빠졌고 독자들은 셔먼의 글에 매료되었다. 그는 워싱턴주 예술위원회와 미국국가예술기금이 주는 장학금을 받았는데, 이는 미국의 시인이 받을 수 있는 최고의 영예다. 1993년 셔먼의 첫 단편 모음집이 권위 있는 펜/헤밍웨이상을 받기도 했다.

셔먼의 단편소설 '이것이 진짜 애리조나 피닉스다'는 아버지를 모른 채 자란 빅터라는 청년의 이야기인데 영화 '스모크 시그널스'의 원작이 됐다. 이 영화는 1998년 선댄스 영화제에서 관객상과 영화제작자상을 받았다.

셔먼은 시, 단편소설, 장편소설 분야에서 여러 권의 책을 냈다. 하지만 그가 성공했다고 말한다면 오히려 그를 저평가하는 일이 된다. 그는 인종차별과 기회 박탈 등 많은 아메리카 인디언들이 경험하는 문제를 세상에 알리고, 사람들이 자신의 정체성을 회복하고 삶이라는 전투에서 승리할 수 있게 이끌어주기 때문이다.

셔먼은 지금도 여전히 열성적으로 책을 읽는다. 그는 고급 승용

차나 큰 집을 사는 일에 돈을 쓰지 않는다. 그는 부유함을 측정하는 자기만의 기준을 다음과 같이 밝혔다.

"나는 읽고 싶은 책을 발견하면 언제라도 그 책을 삽니다. 내가 그 책을 살 돈이 있는지 없는지를 고민해 본 적이 없어요. 사람들은 사치와 특권을 이야기하지만, 내게 특권이란 돈 걱정하지 않고 책을 살 수 있는 것입니다."

Boys Who Rocked the World 15

음악의 즐거움을 세상에 전파하다

★ 요요마 ★

YOYOMA

1955년~ | 첼리스트 | 프랑스, 미국

★

무대 위의 연주자는 다섯 살 꼬마였다. 작은 손이 첼로의 현 위에서 춤을 추었고, 다른 손은 능숙하게 현을 켰다. 연주는 어느새 바하의 무반주 첼로 조곡 제1번 끝부분에 이르렀다. 제1번 조곡을 마지막으로 연주를 끝낼지 말지 잠시 망설이던 요요는 다시 연주를 이어갔다. 요요의 머릿속에 이어지는 곡의 악보가 떠올랐기 때문이다. 작년에 악보를 모두 외워둔 덕분이었다.

요요는 콘서트 프로그램과 상관없이 6개의 조곡을 내리 연주하기로 마음먹었다. 마침내 전곡의 연주가 끝났을 때 관중들은 우레와 같은 박수를 보냈다. 파리대학에서 있었던 요요마의 첫 공식 연주가 끝나자 사람들은 새로운 음악 영재가 탄생했음을 알게 되었다.

요요의 부모님은 가난한 음악가로, 조국인 중국을 떠나 프랑스 파리로 이주했다. 제2차 세계대전이 끝난 후의 프랑스에서는 모든 사람이 가난했다. 요요가 태어날 무렵, 오페라 단원이었던 어머니가 일자리를 잃자 아버지는 두 가지 일을 해야 했다. 파리대학에서 음악을 가르치는 한편 개인 레슨도 시작한 것이다. 요요와 누나, 부모님까지 4명의 가족이 난방도 되지 않는 방 한 개짜리 아파트에서 살아야 했다! 하지만 요요의 가족은 음악이 주는 즐거움을 포기하지 않았다.

요요는 말을 시작할 때부터 노래를 만들어 불렀다고 한다. 또한 요요는 엄청나게 예민한 귀를 가지고 있었다. 요요가 세 살 때의 일이다. 바이올린 연주회를 마친 누나가 연주가 어땠느냐고 묻자, 요요는 이렇게 대답했다.

"연주는 괜찮았는데, 음조가 좀 벗어났어."

부모님은 그 말을 듣고 깜짝 놀랐다. 요요의 말이 사실이었기 때문이다. 어떻게 알았냐고 묻는 부모님에게 요요는 어떤 답을 해야 할지 몰랐다. 그냥 알았기 때문이다.

요요의 부모님은 아들을 음악가로 키우는 것에 고민이 많았다. 부모님 모두 훌륭한 음악가였지만 먹고사는 일이 힘들었기 때문이다. 부모님은 아들이 믿기 어려운 재능을 갖고 있으며, 그 재능을 모른 체해서는 안 된다고 결론 내렸다. 부모님은 요요에게 음악을 가르치기는 하되, 음악을 직업으로 하라고 강요하지는 않기로 했다. 예상대로 요요는 아주 빠른 속도로 음악을 배웠다. 하지만 그는 아버지가 권한 바이올린을 거부했다. 요요는 이렇게 말했다고 한다.

"바이올린 소리가 맘에 들지 않아요. 큰 악기를 하고 싶어요."

몇 달 후, 아버지는 레슨에 작은 첼로를 포함했다. 요요는 뛸 듯이 기뻐했다! 그때부터 요요는 첼리스트로 알려지게 되었다.

요요가 일곱 살 때, 아버지는 저축한 돈을 모두 털어 미국행 비행기 표를 샀다. 아버지의 사업으로 인해 요요의 가족은 한동안 뉴욕에 머물러야 했다. 아버지는 아이들을 위해 세 차례의 콘서트를 기획했다. 파리대학에서의 콘서트와 마찬가지로 미국의 청중들도 요요의 연주를 좋아했다. 두 번째 콘서트가 끝난 후, 뉴욕의 '트렌트 스쿨' 관계자가 요요의 아버지를 찾아왔다. 그는 아버지에게 어린이 교향악단의 지휘를 맡아 달라고 제안했다. 요요의 아버지는 바로 그 제안을 받아들였다.

요요는 미국 생활이 마음에 들었다. 그는 유명한 첼리스트 '야노스 숄츠'에게 레슨을 받기 시작했고, 명성 높은 뮤지션인 '파블로 카잘스'의 연주회에서 연주했다. 카잘스는 요요에게 워싱턴에서 열릴 예정인 연주회에 참가해 달라고 했는데, 그 연주회는 보통 연주회가 아니었다. 미국 대통령 존 F. 케네디가 기금을 모으기 위해 추진한 행사였다. 게다가 그 유명한 지휘자인 '레너드 번스타인'이 지휘하는 교향악단이 참가했다.

연주 실황은 TV로 중계되었다. 이 연주회는 요요가 교향악단과 함께 첼로를 독주한 첫 무대이기도 하다. 미국의 청중들도 요요의 연주에 푹 빠졌고, 얼마 후 요요는 미국의 인기 프로그램인 '투나잇 쇼'에도 출연하게 되었다.

요요가 아홉 살이 되었을 때 아버지는 프랑스 학교로 직장을 옮겼고, 요요도 아버지가 근무하는 학교를 다니게 됐다. 그런데 이 학교의 교사와 학부모들은 학교를 위한 기금을 모으기 위한 콘서트를 계획했고, 미국에서 가장 유명한 카네기홀이 연주회 장소로 결정되었다. 연주회의 마지막을 장식한 것은 요요와 누나의 '사마르티니 첼로 소나타 G장조'였다. 객석에 앉아 이 연주를 들은 뉴욕타임스의 기자는 이렇게 썼다.

'아이들을 위한 곡이 아니었고, 그들도 아이처럼 연주하지 않았다. 연주는 자신감이 넘쳤고 침착했으며, 미묘한 음악성을 최고조로 표현했다.'

사춘기로 접어들면서 요요는 엄격한 중국식 문화와 자유로운 미국식 생활방식 사이에서 혼란을 느꼈다. 집에서는 늘 조용히 지내야 했지만, 학교에선 뭐든 표현하라고 했기 때문이다. 줄리어드 음악학교의 새로운 첼로 선생님인 레너드 로즈 교수도 여느 미국 선생님들과 다를 바 없었다.

처음 로즈 선생님을 만났을 때 요요는 너무 기가 죽어 첼로 뒤에 숨으려고 했다고 한다. 하지만 시간이 지나자 요요는 이 모든 환경에 적응했고, 그의 음악적 재능은 활짝 피어났다.

열다섯 살에 카네기홀에서 프로 데뷔 연주회를 한 후, 요요는 전 세계의 유명한 콘서트홀을 돌면서 전문 음악가로서 연주를 계속하고 있다. 그는 90개 이상의 앨범을 냈고 그래미상을 18회나 수상했다(2024년 기준)!

요요는 음악에 재능이 있는 아이들이 제대로 교육을 받지 못하고 있다는 사실에 마음 아파했다. 요요마는 자신이 방문하는 도시에서 연주 활동을 하면서 동시에 교육 프로그램을 실시한다. 요요마는 카네기홀에서 진행되는 가족 콘서트 프로그램을 만드는 일에도 참여했는데, 이 프로그램은 부모가 자녀에게 전 세계의 음악을 소개해주는 저비용 콘서트다.

Boys Who Rocked the WORld 16

장애는 장애라고 생각할 때만 장애다

★ 스티비 원더 ★

STEVIE WONDER

1950년~ | 가수 | 미국

스티비 원더는 자신의 첫 히트곡인 '핑거팁스Fingertips'를 연주하면서 관객들의 호응을 유도했다. 관객들이 박자에 맞춰 손뼉을 치자 그는 음악에 맞춰 머리를 흔들었다. 무대는 점점 달아올랐다. 관객들 모두 이 '스무 살 천재'의 음악적 재능에 감탄했다.

스티비 원더는 본명이 아니라 제작사가 붙여준 이름이다. 그의 본명에 대해서는 논란이 많다. 스티비가 태어난 병원 기록에는 '스티블랜드 모리스'라고 되어 있지만, 그의 아버지 성은 '주드킨스'이고 어머니의 성은 '하더웨이'이다. 어떻게 그런 이름이 나왔는지 알 수 없지만, 스티비는 그 기록을 바로잡으려고 애쓰지 않았다.

그것보다는 스티비의 탄생이 거의 기적이었다는 사실이 중요하다. 어머니는 스티비를 임신했을 때 원인 모를 통증에 시달렸고 결국 예정일보다 두 달이나 빨리 세상에 태어났다. 체중은 1.8킬로그램으로 평균 신생아의 절반밖에 되지 않았다.

스티비는 병원 인큐베이터 덕분에 목숨을 건졌지만, 그 대가로 시력을 잃었다. 당시 의사들은 인큐베이터로 공급되는 산소가 연약한 아기의 시력에 손상을 입힌다는 사실을 몰랐다. 비록 시력을 잃었지만 소년 스티비는 움츠러들지 않았다.

스티비가 아기였을 때 가족들은 디트로이트로 이주했다. 가족은 도시의 동쪽, 빈민촌에 있는 작은 아파트에 자리 잡았다. 모두가 가난했지만 거리엔 음악이 흘러넘치는 곳이었다. 클럽에서 전기 기타로 연주하는 블루스 음악이 도로까지 흘러나왔고, 거리의 아이들은 그 음악에 자신의 색깔을 입혀 '두왑(리듬앤블루스의 한 종류인 흑인 음악-역주)'을 만들어냈다.

스티비와 두 명의 형도 숟가락으로 병을 두드리고 하모니카를 불며, 자신들만의 노래를 불렀다. 스티비의 아버지는 그다지 다정한 분이 아니었지만, 걸음도 떼지 못한 스티비에게 봉고 드럼을 사주었다. 앞을 보지 못하는 아들이 안쓰러웠기 때문일 것이다. 스티비는 밤낮없이 드럼을 두드리며 놀았고 드럼을 품에 안고 잠들었다.

어머니는 아들이 꿋꿋하게 세상을 살아가기를 원했다. 그녀는 아들이 다른 아이들처럼 밖에서 뛰어놀고 친구를 사귀도록 하려고 애썼다. 스티비는 집에서 길, 나무, 바위, 시소, 미끄럼틀과 같은 장소 사이의 거리를 걸음 수로 기억했고, 자신이 뛰어노는 장소에 대한 지도를 머릿속에 만들었다. 그는 또래 남자아이들과 똑같이 활발하게 놀았고, 친구들도 스티비와 함께 노는 것을 좋아했다.

아홉 살이 되자 스티비는 교회 성가대에서 노래하기 시작했다.

스티비는 노래뿐 아니라 교회 피아노에도 관심이 많았다. 그는 교회의 음악 담당 선생님에게 피아노를 쳐보고 싶다고 했다. 그 후 스티비는 교회 예배가 없는 시간마다 찬송가와 블루스, 그리고 자신이 좋아하는 곡을 연주하곤 했다. 그가 피아노 연주를 시작하면 사람들이 몰려들기 시작했다.

열한 살이 된 스티비는 레코드사와 접촉해 앨범 2개를 냈다. 앨범이 나오고 2년 만에 스티비 원더의 노래는 미국 어디서나 들을 수 있을 정도로 유명해졌다. 레코드사는 스티비에게 다른 가수들이 부를 곡도 만들어달라고 요청했다.

스티비가 다른 가수를 위해 작곡한 곡 중 가장 유명한 것이 '레이 찰스'의 '리빙 포 더 시티'이다. 레이 찰스는 스티비 원더의 우상이기도 했으므로, 레이가 자신이 만든 노래를 부른다는 것은 엄청난 영광이었다. 더군다나 레이가 그 노래로 1975년 그래미상을 받자 스티비는 날아갈 듯이 기뻐했다.

얼마 후 스티비는 자신의 이름을 딴 음반 회사를 만들고 전쟁, 기아, 인권 등 세상의 문제를 담은 노래를 만들기 시작했다. 그는 자신의 노래로 그래미상 전 부문을 석권했다. 스티비는 장애인 올림픽(패럴림픽) 후원, 에이즈 퇴치, 남아프리카공화국의 인종차별 정책(아파르트헤이트) 종식, 시각장애아 지원 활동도 열심히 했다.

1980년대에 들어 스티비 원더는 이전보다 더 많은 인기를 누렸다. 100만 장 이상 팔린 플래티넘 앨범이 나왔고 '해피 버스데이'란 노래는 마틴 루터 킹 목사에게 바치는 헌정 음악으로 사용되었다. 마이클 잭슨, 폴 매카트니와 함께 작업해 히트곡을 만들기도 했다. 스티비는 오늘날까지도 여전히 인기 있는 아티스트이다.

그는 50년이 넘는 기간 동안 청중들을 감동시켰다. 폭넓은 음악 스타일과 다양한 관심사 덕분에 스티비는 여러 해에 걸쳐 수많은 상을 받았지만, 그가 이룬 업적 중 가장 인상적인 것은 시력을 잃은 것이 장애가 아니라는 사실을 사람들이 인정하게 한 것이다.

축구를 위해, 축구에 의해, 축구의 펠레

★ 펠레 ★

PELÉ

1940년~ | 축구선수 | 브라질

★

공사장에는 흙먼지가 자욱했다. 공사 때문이 아니었다. 그곳에선 축구 경기가 한창이었다. 공을 몰고 가는 맨발의 작은 소년을 따라잡기 위해, 땀으로 범벅이 된 남자 4명이 안간힘을 쓰는 중이었다. 좀 떨어져서, 잘 차려입은 남자가 어른 4명과 아이가 벌이는 이 이상한 경기를 지켜보고 있었다.

4명의 남자 중 수비수가 공을 향해 돌진했지만 소년은 공을 발등으로 살짝 튀겨 올려 수비수를 손쉽게 제치고는 골문을 향해 공을 몰았다. 소년이 수비수 한 명을 더 제쳤을 때, 뒤쪽에서 슬라이딩 태클이 들어왔다. 소년은 뒤통수에도 눈이 달린 것처럼 슬라이딩한 남자의 발이 자기 발뒤꿈치에 닿기 직전 살짝 피하면서 왼발 슛을 날렸다.

"골인!"

이 광경을 지켜보던 잘 차려입은 남자가 소년의 멋진 골에 자기도 모르게 함성을 질렀다. 그는 프로축구팀의 스카우트였다. 그는 자신의 행동에 멋쩍어하며, 옆에 있던 공사장 인부에게 물었다.

"저 아이 이름이…?"

"펠레라고 하던데요."

그 열한 살 소년이 후일 축구의 전설이 된 펠레였다. 그는 팬들로부터 엄청난 사랑을 받았다. 펠레가 경기장에 들어서면 팬들은 "엘 레이! 엘 레이!"라고 부르짖었다. '엘 레이El Rey'는 '왕'이란 뜻이다.

펠레는 1940년 브라질의 작은 마을에서 태어났다. 그의 아버지도 축구선수였다. 축구의 나라 브라질에서는 모든 소년이 축구선수가 되길 꿈꾼다. 펠레도 예외가 아니었다. 하지만 펠레의 집은 가난해서 공을 사줄 돈이 없었다. 펠레의 아버지는 낡은 양말에 헝겊 조각을 채워서 공을 만들고, 아들에게 축구를 가르치기 시작했다. 다섯 살이 되자 펠레는 얼기설기 만든 골대에 양말로 만든 공을 차 넣으며 놀았다.

펠레는 자주 수업을 빼먹고 축구 연습을 하곤 했다. 4학년이 되자 펠레는 수업일수가 모자라 학교에서 쫓겨났다. 펠레에겐 나쁜 일이 아니었다. 축구를 할 시간이 더 많아졌으니까. 펠레는 구두수선공으로 일하며 한 달에 2달러를 벌었다. 점심시간과 퇴근 후에는 이웃의 노동자들과 축구 경기를 했다.

취미로 하는 축구였지만 경기는 거칠었다. 모두가 맨발로 뛰었으며 아무도 파울에 신경 쓰지 않았다. 펠레는 그게 좋았다. 구두수선공으로 일하고 축구 경기까지 한 뒤, 집에 돌아오면 너무 지쳐서 저녁밥을 먹을 기운도 없었다.

함께 축구 경기를 하는 사람들 중에 펠레가 가장 어렸지만, 그는 누구보다 실력이 뛰어났다. 축구 천재가 있다는 소문을 듣고 '발데마르 지 브리투'가 그를 보러 공사장에 왔던 것이다. 지 브리투는 브라질의 축구 스타이자 스카우트이다. 그는 펠레와의 첫 만남을 이렇게 회상했다.

"그때 펠레가 보여준 움직임과 공을 다루는 기술은 어린 소년이 할 수 있는 수준이 아니었어요. 정말이지 내 눈을 믿을 수가 없었습니다."

지 브리투는 몇 년 동안 펠레를 가르쳤다. 그는 펠레가 열여섯 살이 되자 프로축구팀인 산투스의 오디션에 참가하도록 했다. 지 브리투는 산투스 감독에게 이렇게 큰소리쳤다고 한다.

"그 아이는 분명 세계 최고의 축구선수가 될 거요!"

오디션 날, 다른 선수들은 연습을 멈추고 펠레의 움직임을 감탄하며 지켜보았다. 산투스팀은 바로 그날 펠레와 계약했다. 경기에 출전한 첫 시즌에 열여섯 살 펠레는 리그 득점왕이 되었고, 득점왕 타이틀은 그 후로도 여러 해 동안 펠레의 차지였다. 어리고 경험도 부족했지만, 그는 1958년 월드컵에 국가대표로 출전하겠다는 꿈을 키웠다.

하지만 막상 월드컵 사상 최연소 선수로 월드컵에 나가 보니, 그가 조국을 위해 헌신할 기회는 거의 없어 보였다. 브라질의 우승

가능성은 희박했고 8강전에 진출하기도 어려워 보였던 것이다. 그런데 모두의 예상을 깨고 브라질은 조별 리그를 통과했고, 불리한 상황을 뚫고 결승전까지 진출했다. 펠레의 연속 득점 덕분이었다

드디어 스웨덴과의 결승전! 스웨덴의 골문을 등지고 있던 펠레에게 공이 전달됐다. 펠레는 가슴으로 공을 트래핑하며 수비수 한 명을 제치고, 떨어진 공을 살짝 차올려 달려드는 수비수 뒤로 넘기고는 그대로 몸을 돌려 공이 땅에 떨어지기 전에 골문 안으로 강하게 차 넣었다! 마치 곡예를 하는 것 같았다.

스웨덴 골키퍼는 멍하니 얼어붙었고, 수천 명의 관중들은 환호했다. 스웨덴 관중들까지도 이 멋진 골에 기립 박수를 보냈다.

“한 번도 그런 골을 본 적이 없었고, 앞으로도 다시 볼 수 있을지 모르겠어요. 정말 믿기 어려울 만큼 훌륭한 골이었습니다.”

나중에 스웨덴 골키퍼가 한 말이다. 많은 이들이 스웨덴 전에서 넣은 펠레의 골을 월드컵 역사상 가장 멋진 골 중 하나로 꼽는다. 결승전이 끝난 뒤 펠레는 브라질팀의 최우수 선수로 선정되었다. 열일곱 살에 그는 축구의 전설이 되었다.

펠레는 조국 브라질을 이끌고 두 번 더 월드컵에서 우승함으로써, 월드컵에서 세 번 우승한 유일한 선수가 되었다. 펠레 이전에는 한 명의 선수가 통산 1,000골을 기록하는 것이 불가능한 일로 여겨졌다. 하지만 펠레는 22년의 선수 생활 중에 1,281골을 기록했다!

펠레는 어떻게 이러한 대기록을 만들 수 있었을까? 뻔한 답이긴 하지만 열심히 했기 때문이다. 펠레는 그날 자신의 경기가 만족스럽지 않으면, 경기가 끝난 후 혼자 남아 몇 시간이고 연습했다. 수천 시간에 달하는 고독한 연습을 통해 펠레는 정확한 기술을 연마했고 스피드를 향상시켰다.

펠레는 몇 가지 비밀 무기를 갖고 있었다. 축구팬 입장에서는 그가 초능력을 갖고 있는 것처럼 보인다. 그는 다른 선수들이 어떻게 움직일지 정확하게 예측하는 것 같다. 그의 능력이 너무 뛰어나서 브라질 과학자들이 실제로 펠레의 이런 능력에 대해 연구했다고 한다.

과학자들은 펠레의 반응 시간이 보통 사람보다 0.5초 빠르고, 주변 시야각은 25% 넓다는 사실을 발견했다. 그래서 펠레는 앞을 보면서도 옆에 있는 동료에게 패스할 수 있었고, 결과적으로 상대 수비를 속일 수 있었던 것이다. 5년 이상 최고 수준의 기량을 유지하는 축구선수는 드물다. 하지만 펠레는 무려 22년 동안 세계 최고였다.

지금도 한 시즌에 50골 이상을 넣는 것은 엄청난 일이다. 그런데 1974년 펠레는 52골을 넣고도 은퇴를 생각했다. 이전 세 시즌 동안에는 시즌당 100골을 넣었기 때문이다.

펠레는 이미 엄청난 부자에다 어린 시절의 꿈을 충분히 이룬 상태였다. 그때 미국 프로축구팀인 뉴욕코스모스가 3년 계약을 제안했다. 미국에서도 축구의 인기를 끌어올리고 싶다는 의미에서였다. 펠레는 뉴욕코스모스를 미국 축구 챔피언 자리에 올려놓고 3년 후 은퇴했다.

펠레는 세계 축구 역사상 가장 위대한 선수이다. 펠레 덕분에 축구가 전 세계에서 가장 인기 있는 스포츠가 되었다고 주장하는 사람들도 있다. 현재 펠레는 책을 쓰고, 연기하고, 작곡하고, 자신 소유의 국제적 사업을 관리하면서 바쁘게 살고 있다.

Boys Who Rocked the World 18

'세상을 흔든다'라는 이름 그대로

★ 이소룡 ★

BRUCE LEE

1940~1973년 | 무술인, 배우 | 중국, 미국

★

밤하늘에서 떨어지는 빗줄기에 소년의 머리칼이 얼굴에 달라붙었다. 소년은 학교의 어두운 옥상에서 백인 소년들을 노려보고 있었다. 그들이 조롱하고 비웃자 소년은 주먹을 꽉 움켜쥐었다. 이 싸움을 구경하려고 아이들이 모여들기 시작했다. 학교 옥상 위에서 한 무리의 중국 소년들이 영국 소년 패거리와 맞서고 있었다.

"홍콩은 너희 것이 아니야!"

중국 소년 중 한 명이 소리쳤고, 패거리 간에 싸움이 시작되었다. 소년은 이리저리 몸을 움직이며 피했다. 실컷 두들겨 맞고 땅에 쓰러지기까지 소년이 제대로 된 주먹을 날린 것은 한 번뿐이었다. 정신을 잃어가던 소년에게 떠오른 마지막 생각은 '자신을 지키는 방법을 더 배워야겠다'라는 것이었다.

이것은 유명한 쿵푸 영화의 한 장면이 아니라, 이소룡의 첫 번째 실전 경험이다.

용의 해(1940년), 용의 시간(오전 7시에서 9시까지-역주) 샌프란시스코의 차이나타운에서 한 남자아이가 태어났다. 중국 사람들에게 힘과 행운을 상징하는 용이 두 개 겹친 날이었다. 아기의 이름은 영어로 브루스 리, 중국어로는 '전판振藩'이었다. 그의 한자 이름은 놀랍게도 '세상을 흔든다'라는 뜻을 갖고 있었다.

브루스가 아기였을 때, 부모님은 고향인 홍콩으로 이주했고 이내 4명의 동생이 더 태어나 집안은 아이들로 북적거리게 되었다. 브루스의 고모 가족이 여기에 합류하자 집안은 더 비좁아졌다. 브루스가 복잡한 집안을 지칠 줄 모르고 뛰어다니자, 가족들은 그에게 '모시팅(가만히 있지 못하는 아이)'이란 별명을 붙여주었다. 힘이 넘치는 아이를 붙잡아 둘 수 있는 방법은 재미있는 책뿐이었다. 부르스는 지독한 근시라서 두꺼운 안경을 쓰고 있었지만, 책 읽기를 아주 좋아했다.

아버지가 유명한 경극단의 배우였기에, 브루스는 태어나면서부터 배우들과 함께 지냈다. 브루스는 아기였을 때부터 열여덟 살이 될 때까지 20편이 넘는 중국 영화에 출연했다. 관객들은 브루스의 강렬한 표정 연기를 칭찬하며, 작은 용이란 뜻의 '소룡'이란 애칭으로 불렀다.

브루스가 10대 소년이었던 시절, 홍콩은 영국의 식민지였다. 중국인들은 식민지의 지배자인 영국으로부터 차별 대우를 받았고 영국계 소년과 중국인 소년 간의 싸움은 흔히 있는 일이었다. 열두 살 때 벌인 싸움에서 혼이 난 브루스는 무술을 배우기로 결심했다.

홍콩 소년이 쿵푸를 배우는 것은 미국 소년이 야구를 배우고 한국 소년이 태권도를 배우는 것만큼 당연했다. 열두 살 이후 5년 동안 브루스는 매일 6시간씩 쿵푸를 배웠다. 동시에 액션 영화에 출연해 자신의 싸움 기술을 유감없이 보여주었다. 브루스의 영화가 성공을 이어갔지만 어머니는 아들의 영화 출연에 반대했다. 아들이 학교에서 문제를 일으키고 싸움에 휘말릴까 봐 염려했기 때문이다.

결국 어머니는 아들을 미국으로 보내 자신의 친구와 함께 살게 했다. 브루스가 미국으로 떠났을 때 그의 수중엔 단돈 100달러뿐이었다. 열여덟 살의 브루스는 시애틀로 가서 부모님의 친구가 운영하는 식당에서 일하면서 학교를 다니고 동시에 무술을 가르치는 일을 했다. 워싱턴대학에 입학할 무렵에는 제자들이 늘어서 자신의 무술 도장을 시작할 수 있었다.

얼마 안 있어 그의 쿵푸 실력은 할리우드 영화제작자들 사이에 알려졌다. 브루스는 몇 개의 텔레비전 시리즈에 출연했지만, 쇼 비즈니스 업계에 만연한 인종차별에 심한 좌절을 느꼈다. 아시아계 배우에게 주어지는 배역은 거의 없었기 때문이다.

1970년 브루스는 등에 부상을 입으면서 배우로서의 경력도 주춤하게 되었다. 의사는 그가 다시는 무술을 할 수 없을 것이라 했지만, 브루스는 재활을 위해 자신만의 방식으로 몸을 단련했다. 어느 정도 몸이 회복되자 그는 홍콩으로 돌아가 영화를 만들겠다고 결심했다. 그런데 홍콩으로 돌아온 브루스는 자신이 이미 스타가 되어 있었다는 사실에 놀랐다. 미국에서 출연한 텔레비전 시리즈가 홍콩에서 큰 인기를 얻었던 것이다.

부상에서 완전히 회복한 브루스는 '당산대형', '정무문' 등의 영화에 출연했다. 단순히 배우로서가 아니라 각본, 캐스팅, 연출, 주연을 도맡을 정도로 그의 위상이 높아졌다. 이제 할리우드 쪽에서 굽실거릴 차례였다. "넌 황인종에 불과해"라며 그를 무시했던 미국 영화제작자들이 이제는 자기 영화에 출연해달라고 애걸했다.

그러나 브루스는 미국 영화 '용쟁호투' 촬영을 하던 중에 심각한 두통으로 쓰러졌고 다시는 일어나지 못했다. 통증을 가라앉히려고 먹은 약에 알레르기가 있었다는 사실을 몰랐던 것이다. 서른셋이란 젊은 나이에 그는 세상을 떠났다.

브루스는 불굴의 용기와 화려한 재능으로 쿵푸 영화란 새로운 장르를 만들었다. 할리우드의 소수 인종 배우들이 활동할 수 있는 길을 만들었고, 현재 잘 나가는 액션 배우들에게 스타가 되는 문을 열어주었다. 그는 다른 사람들의 편견이나 부당한 행동이 자신의 꿈을 방해하도록 놔두지 않았다. 그는 전 세계 영화팬들의 마음을 사로잡았으며, 자신의 이름에 걸맞게 '세상을 흔드는' 삶을 살았다.

Boys Who Rocked the World 19

스스로 장르가 된 로큰롤의 제왕

★ 엘비스 프레슬리 ★

ELVIS PRESLEY

1935~1977년 | 가수 | 미국

★

기타를 움켜쥔 소년의 손이 떨리고 있었다. 그는 지금 그 유명한 '썬 레코딩 스튜디오'에 와 있다. 이곳은 미국에서 제일 유명한 컨트리 가수와 블루스 가수들이 녹음한 곳이다. 소년은 엄마에게 생일선물로 줄 노래를 녹음하기 위해 스튜디오에 4달러를 지불했다.

"누구 스타일로 부를 거예요?"

스튜디오의 여직원이 물었다.

"저는 제 방식대로 부를 건데요."

여직원은 기름 바른 긴 머리와 구레나룻에 진땀을 흘리고 있는 이 소년이 우스꽝스럽다고 생각했지만, 노래를 시작하자 표정이 달라졌다. 그녀는 메모지에 이렇게 휘갈겨 썼다.

"오, 괜찮은 발라드 가수!"

소년이 녹음을 마치고 떠난 후, 대기실에 있던 한 여자가 여직원에게 물었다.

"방금 노래한 사람이 누구죠?"

"몰라요. 그냥 어떤 아이예요."

"와, 난 그 노래를 듣고 소름이 돋았어요."

스튜디오에서 진땀을 흘리던 이 소년은 나중에 로큰롤의 제왕이 된 엘비스 프레슬리였다.

엘비스는 1935년 그야말로 찢어지게 가난한 집에서 태어났다. 가족은 미국 미시시피주 투펄로에 있는 방 두 개짜리 '엽총 판잣집'에서 살았다. 살림살이가 없어서 앞문과 뒷문을 열어놓으면 그 사이로 총을 쏠 수도 있다는 뜻이다. 생계를 위해 어머니는 목화 따는 일을 했고 아버지는 일정한 직업이 없었다.

걸음마를 할 때부터 엘비스는 음악을 좋아했다. 그는 흑인들이 대부분인 동네에 살았으므로, 이웃의 흑인들이 부르는 노래와 음악을 들으며 자랐다. 어머니는 아들을 교회로 데려가서 아들이 미국 남부의 복음성가를 들으며 뛰어놀도록 했다.

엘비스가 어린아이였을 때 비극이 가족을 덮쳤다. 가난에 허덕이던 아버지가 수표를 위조한 것이다. 아버지는 체포되고 어머니와 엘비스는 친척 집에 얹혀 지내게 되었다. 형편은 더 나빠졌다. 음악만이 엘비스를 숨 쉴 수 있게 해주었다. 그는 싸구려 주점에 몰래 들어가 흑인 뮤지션들이 연주하는 블루스를 듣고, 집으로 돌아와 자신이 골판지로 만든 기타를 두드리며 노래를 부르곤 했다.

엘비스의 열한 번째 생일날, 그는 부모에게 자전거를 사달라고 했다. 돈이 없었던 부모는 자전거 대신 7.95달러짜리 기타를 선물했다. 새 기타를 갖게 된 엘비스를 말릴 사람은 없었다. 그는 하루 종일 기타를 치며 노래하고 또 노래했다. 초등학교를 졸업하기 전에 미시시피주에서 열린 박람회의 노래자랑에 참가해서 열렬한 박수를 받았고, 라디오 방송에 나가 노래하기도 했다.

1948년 부모님은 일자리를 찾아 테네시주로 이주했다. 엘비스는 친구들과 어울리지 못하고 학교에서도 조용히 지냈다. 외톨이로 지내긴 했지만, 엘비스는 사람들 속에서 단연 튀었다. 새까맣게 염색한 긴 머리에 기름을 발라 올백으로 넘기고, 분홍색과 검은색이 섞인 바지에 분홍색 스포츠 코트를 걸치고 있었기 때문이다.

"너 그딴 식으로 입으면 아무도 너랑 안 놀아."

친구 하나의 말에 엘비스는 씩 웃으며 이렇게 대답했다.

"그게 내가 바라는 바야."

고등학교를 졸업한 뒤, 엘비스는 트럭 운전사로 일하며 노래로 성공할 길을 찾고 있었다. 그리고 엄마의 생일선물 음반을 녹음한 지 1년도 안 되어 엘비스는 큰 기회를 잡았다. 썬 레코드사에서 그에게 기회를 주었던 것이다. 엘비스가 부른 '괜찮아요-엄마That's All Right-Mama'는 복음성가, 컨트리, 블루스 장르가 뒤섞여 특별한 느낌을 주었다. 스튜디오에서는 엘비스의 노래를 마음에 들어 하지 않았지만, 이 노래는 완전히 대히트를 기록했다.

얼마 안 있어 엘비스는 RCA 레코드사의 전속 가수가 되었다. 레코드사로서는 엄청난 모험이었다. 엘비스의 노래는 당시 미국인들이 좋아했던 음악 장르와 전혀 다른 종류였기 때문이다. 새로운 음악인 로큰롤이 이미 태동하고 있었지만, 백인 방송국에서는 흑인 음악을 틀어주지 않았기에 대부분의 백인은 로큰롤에 대해 모르고 있었다.

엘비스는 완벽한 시점에 음악계를 강타했다. 엘비스의 모든 것이 색다르고 반항적이었다. 의상, 헤어스타일, 음악, 춤까지 모든 것이 새로웠다. 유명 뮤지션인 밥 딜런은 이렇게 말했다.

"그의 노래는 마치 감옥을 부수고 탈출한 것 같더군요."

엘비스의 노래는 차트 1위를 차지했고 100만 장 이상의 음반이 팔렸으며 텔레비전 쇼로부터 출연 요청이 쇄도했다. 노래에 이어 엘비스가 갖고 있던 또 하나의 꿈, 영화배우로 성공하겠다는 포부도 이루어졌다. 오래도록 가난에 몸부림치던 세월을 보낸 뒤, 엘비스는 백만장자가 되었다. 무엇보다 그를 행복하게 해주었던 일은 멤피스에 자신의 저택 '그레이스랜드'를 구입한 것이다. 엘비스의 가족이 모두 이곳으로 옮겨왔고 마당에서 오리, 공작, 칠면조, 당나귀 등을 길렀다.

1970년 엘비스의 생활에 문제가 생기기 시작했다. 쉬지 않고 이동하며 공연을 계속하던 끝에 결혼 생활이 파경을 맞았고, 체중이 걷잡을 수 없이 불어난 것이다. 또 만성적인 통증과 불면증이 그를 괴롭혔다. 의사는 강력한 약물을 처방해 그가 공연을 계속할 수 있게 해주었다. 친구들이 약물 중독을 걱정했지만 엘비스는 이렇게 말하며 공연을 멈추지 않았다.

"난 무대 위에서 죽는 게 소원이야."

1977년 마흔두 살의 엘비스는 눈을 감았고 전 세계 사람들이 큰 충격을 받았다. 비록 짧은 생애였지만, 늘 아웃사이더였던 그는 충만한 삶을 살았고 인기와 돈, 존경까지 꿈꾸었던 모든 것을 얻었다.

그가 세상을 떠난 후, 엘비스가 태어난 '엽총 판잣집'은 명소가 되었고 그가 살던 저택 '그레이스랜드'는 매년 수십만 명의 사람이 방문하는 관광지가 되었다. 엘비스는 흑인 음악과 백인 음악 간의 장벽을 무너뜨림으로써 음악계를 영구히 변화시켰다.

엘비스는 진정한 로큰롤의 제왕이었다.

히틀러를 이긴 육상선수

★ 제시 오언스 ★

JESSE OWENS

1913~1980년 | 운동선수 | 미국

★

클리블랜드 최고 선수들의 200미터 육상 경기가 열리고 있었다. 제시는 평소처럼 출발과 동시에 앞으로 치고 나갔다. 언제나 그랬듯이 경쟁 주자들이 그를 바짝 쫓아왔다. 그러나 제시가 결승점에 도달했을 때는 이미 결승 테이프가 잘려 바람에 날리고 있었다. 오늘 제시는 결승점을 3위로 통과했다.

뭐가 잘못된 걸까? 그는 트랙을 지나 경기장 벽에 부딪힐 때까지 전력 질주를 계속했다. 벽을 짚고 튕겨 나온 제시가 망연자실한 표정으로 고개를 들어 보니, 라일리 코치가 그를 내려다보고 있었다.

"제시, 오늘의 승자는 너다! 경기가 끝난 후에도 너는 멈추지 않는구나."

제시는 코치가 자신을 놀리고 있다고 생각했지만, 라일리 코치는 진심이었다. 제시는 지난해 했던 실수를 여전히 계속하고 있었지만, 코치는 제시의 자세를 보고 그가 올림픽 금메달을 딸 수도 있겠다고 생각했다. 당시로서는 놀라운 생각이 아닐 수 없었다. 제시는 흑인에다 지독히 가난했기 때문이다.

평생을 힘든 노동과 차별 속에서 살았던 제시의 아버지는 아들이 올림픽 무대를 꿈꾸는 것을 탐탁지 않게 여겼다. 아버지는 말하곤 했다.

“아들아, 너무 높이 오르려 말아라. 높이 오를수록 더 깊은 바닥으로 떨어질 뿐이란다.”

그러나 라일리 코치가 옳았다. 10년 후 제시 오언스는 올림픽에서 4개의 금메달을 따며 세상 사람들 앞에 우뚝 섰다.

제시 오언스는 앨라배마주에서 소작농의 아들로 태어났다. 말이 소작농이지 노예보다 별반 나을 것이 없었다. 미국 북부의 대도시들에서 기계 산업이 발달하면서 노동자를 대량으로 고용하게 되자, 수백만 명의 흑인들이 더 나은 삶을 꿈꾸며 남부의 농장을 떠났다. 제시가 여덟 살 나던 해, 그의 부모님도 북부의 클리블랜드로 이주했다.

그런데 제시가 학교에 들어가자 문제가 생겼다. 제시가 다녔던 남부의 흑인학교는 아주 열악했기 때문에 제시는 겨우 읽고 쓰는 것만 할 수 있었다. 클리블랜드의 학교에서 그는 다시 1학년에 배정되었고, 1학년용 책상은 제시에게 너무 작았다.

게다가 학교에 간 첫날, 이름을 묻는 선생님에게 제시가 작은 목소리로 대답했다.

“저는 ‘제임스 클리블랜드 오언스’예요.”

남부 사투리를 잘못 알아들은 선생님은 '제시'라고 적었고, 부끄러움이 많았던 제시는 그걸 고쳐 달라고 말할 용기가 없었다. 그는 대학을 졸업할 때까지 공부 때문에 괴로움을 겪었다. 하지만 제시가 훨훨 날 수 있는 곳이 있었으니 바로 육상 트랙이었다. 제시의 말이다.

"달리기가 좋았어요. 그건 내 힘으로 뭔가를 할 수 있다는 거니까요. 어떤 속도로도, 어떤 방향으로도 달릴 수 있어요. 바람을 가르면서 오로지 발의 힘과 폐의 용맹함으로 새로운 시야를 찾아낼 수 있죠."

중학교 때 제시는 자신의 인생을 바꿔줄 사람을 만났다. 바로 라일리 코치다. 제시는 방과 후에 일을 해야 했기 때문에 시간 맞춰 육상 연습을 할 수 없었다. 라일리 코치는 제시가 아침 일찍 연습하도록 배려했다. 라일리 코치는 육상만이 아니라 인생에서도 제시의 멘토가 되었다.

제시는 누구보다 빨리 달릴 수 있었지만, 한동안 나가는 경기마다 졌다. 당시의 관점에서 보면, 그는 매 경기 전에 욕설과 다름없는 행동을 하곤 했다. 즉 상대 선수들을 노려보면서 그들을 위협한 것이다. 라일리 코치는 그런 행동을 막지 않았다. 절망한 제시가 "난 왜 못 이기는 거죠?"라고 물었을 때, 라일리 코치는 아무 말 없이 제시를 경마장으로 데려갔다. 그리고 제시에게 말들이 달리는 모습을 보라고 했다. 한참 후 코치가 물었다.

"말들의 표정에서 뭐가 느껴지지?"

"아무것도요."

"맞아, 말들은 정직해. 어떤 말도 다른 말을 노려보지 않아. 말들이 담담해 보이는 것은 열정과 의지를 자신의 내면에 갈무리하기 때문이란다."

그날 이후 제시는 경쟁자들에겐 신경 쓰지 않았다. 오로지 말처럼 편안하고 유연하게 달리려고 노력했다. 그리고, 제시는 경기에서 이기기 시작했다!

열다섯 살이 되자 제시는 자기 나이대의 세계 기록을 작성했다. 그는 100야드(약 91미터)를 11초 안에 뛰었다. 열여덟 살엔 멀리뛰기에서 고등학교 세계 챔피언이 되었고, 열아홉 살에는 220야드(약 201미터) 경주에서 20초 7을 기록했다. 그는 같은 학교 친구인 '데이비드 앨브리튼'과 함께 가장 권위 있는 고등학교 육상대회에 나가 학교의 우승을 이끌었다. 데이비드 역시 후일 올림픽에 출전하게 되었고 그들은 영웅이 되어 클리블랜드로 돌아왔다.

전국 순위에 들게 된 제시는 오하이오 주립대학 육상팀에 스카우트되었다. 지금은 대학 소속 운동선수들이 좋은 대우를 받으며 공짜로 대학을 다니지만, 1930년대의 가난한 운동선수들은 등록금을 벌기 위해 하루 종일 일해야 했다. 제시 역시 강의를 듣고 경기를 뛰면서도, 아르바이트를 세 가지나 했다.

오하이오 주립대학의 최고 스타였음에도 불구하고 제시는 여전히 인종차별을 당했다. 대학 기숙사에 들어갈 수 없었고 캠퍼스 안은 물론 근처 식당에서 밥도 먹을 수 없었다. 제시의 팀이 경기에 참가하기 위해 이동할 때면, 백인 선수들과 흑인 선수들은 다른 차를 타고 이동했다.

흑인 선수가 샤워하는 것을 금지하는 체육관도 많았다. 백인 친구들이 친절하게 대해 주었지만 제시는 좌절감을 느꼈다. 그들은 자신에겐 친절했지만 인종차별에 대해서는 문제의식을 느끼지 않았기 때문이다. 제시는 "그들의 친절이 샤워 시설도 함께 사용하겠다는 뜻은 결코 아니었다"라고 말했다. 하지만 그런 고난의 시간이 제시를 강하게 단련시켰고, 어떤 곤경도 극복할 힘을 길러주었다.

1935년 어느 하루 동안 제시는 3개의 세계 기록을 갱신하고, 1개의 세계 타이 기록을 세우는 등 믿기 어려울 정도의 실력을 보여주었다. 그는 '다음해에 열리는 올림픽에 나갈 수 있지 않을까'라는 희망을 갖기 시작했다.

몇 달 뒤 제시는 미국 올림픽 육상팀에 선발되었다! 1936년 올림픽은 나치 지배하의 베를린에서 열렸다. 나치당은 유대인과 흑인을 증오했다. 독일 선수단에게는 아리안족(백인에 파란 눈, 금발을 가진 사람–역주)이 우월하다는 히틀러의 믿음을 증명하라는 은근한 압력이 가해졌다. 반면, 10명의 흑인 선수가 포함된 미국 선수단에겐 '히틀러가 틀렸다'라는 것을 보여주어야 한다는 사명감이 있었다.

올림픽 기간 내내 제시는 인종 문제와 경쟁의식, 그리고 이미 하늘을 찌르고 있는 자신의 명성 때문에 심한 압박감을 느꼈다. 사인을 받으려는 사람들이 호텔의 열린 창문 안으로 손을 들이미는 바람에 잠을 깬 적도 있었다. 짜증 날 법도 했지만 제시는 라일리 코치의 가르침을 기억했다. 그는 감정을 추슬렀고, 결국 4개의 금메달을 목에 걸었다. 100미터 달리기, 200미터 달리기, 400미터 계주, 멀리뛰기에서였다.

제시는 품위 있는 행동과 스포츠 정신, 놀라운 스피드로 독일 팬들의 마음까지 사로잡았다. 그는 독일의 최고 육상 스타인 '루츠롱'과 친구가 되어 히틀러를 분노하게 만들기도 했다. 전 세계가 제시를 사랑했다. 그의 실력뿐 아니라 어려운 환경에 처해서도 냉정함을 잃지 않는 성품에 반했던 것이다.

그는 올림픽 스타였지만 그 후의 삶은 쉽지 않았다. 미국에 사는 흑인에게 기회는 많지 않았다. 가족을 부양하기 위한 직업을 구할 수 없었던 제시는 오직 돈벌이만을 위해 말과 경주하는 모욕을 감수하기도 했다. 실질적으로 제시의 첫 번째 직업은 주급 30달러를 받는 놀이터의 강사 자리였다.

그러나 세월이 흐르면서 미국의 인종차별은 점차 수그러들었다. 제시의 업적이 인정받기 시작하면서 생활도 한결 나아졌다. 그는 어린 선수들을 가르쳤고 2차 세계대전 중엔 정부를 위해 스포츠 클리닉을 운영하기도 했다.

1970년대 들어 제시는 인종 평등을 주장하는 사회운동가로 변신했다. 흑인에게 평등한 주거를 보장하는 법을 만들기 위해 애썼고, 미국 프로야구(아메리칸리그)의 고문이 되어 구단주들에게 흑인 직원을 고용하도록 촉구하기도 했다.

제시는 인종차별에 맞서 맹렬하게 투쟁했지만 개인적으로는 품격 있는 삶을 살았다. 증오를 증오로 받아치지 않았고, 자신의 정직함과 솔직함으로 사람들의 마음을 변화시키려고 애썼다. 제시의 말이다.

> 아무리 많은 악이 있더라도, 그 악을 없애는 최선의 방법은 선을 드러내는 것입니다. 악의 뿌리를 잘라내는 것만으로는 충분치 않습니다. 아무리 잘라내도 악은 끝없이 퍼져나갈 테니까요. 편견 옆에 또 한 그루의 나무를 심어야 합니다. 그 나무를 크고 높게 키우면 차별은 시들어 죽을 수밖에 없습니다.

Boys Who Rocked the World 21

선실 사환에서 북극점 탐험까지

★ 매튜 A. 헨슨 ★

MATTHEW A. HENSON

1866~1955년 | 탐험가 | 미국

★

매튜는 볼티모어에 있는 조선소로 가는 중이다. 물가로 이어지는 길을 천천히 걸어 내려가자 건물들 위쪽으로 까닥거리는 배의 돛대들이 보였다. 매튜가 마지막 모퉁이를 돌자, 드디어 배의 모습이 눈에 들어왔다. 세 개의 높이 솟은 돛대가 위엄을 떨쳤다. 하지만 매튜의 눈길을 끈 것은 배 앞머리에 금박으로 새겨진 글자였다. 그 배의 이름은 '케이티 하인스호'였다.

매튜는 한참 배를 바라보다가 배 가까이에 있는 한 남자를 보았다. 매튜와 마찬가지로 마치 배에 홀린 듯 보였다. 매튜가 다가가 물었다.

"혹시 이 배가 아저씨의 것인가요?"

"그렇다네, 젊은이."

그 남자의 대답에 매튜의 가슴이 뛰기 시작했다. 그는 배의 주인인 차일즈 선장이었고, 얼마 후 흑인 아이 매튜를 케이티 하인스호의 선실 사환으로 고용했다. 이 작은 아이가 앞으로 역사적인 일을 하게 될 거라고는 상상도 하지 못 한 채 말이다.

매튜 A. 헨슨은 1866년 메릴랜드주의 한 오두막에서 태어났다. 그의 부모는 미국에서 노예제도가 폐지된 후 자유인으로 태어난 아프리카계 미국인(흑인)으로, 오두막 뒤의 조그마한 땅에서 농사를 짓고 있었다. 매튜가 세 살 때 어머니가 세상을 떠났다. 아버지는 곧 재혼했고, 새엄마는 매튜와 형제들을 심하게 매질했다. 여덟 살 무렵 아버지도 세상을 떠났다. 더 이상 새엄마의 학대를 견딜 수 없었던 매튜는 집을 나와 워싱턴으로 도망쳤다.

그는 워싱턴에서 일자리를 찾으려 했지만 쉽지 않았다. 노예제가 폐지되었다지만 사람들은 여전히 흑인에게 호의적이지 않았다. 워싱턴 거리를 떠돌던 매튜는 우연히 한 식당 주인을 알게 되었다. '제니 무어'라는 마음씨 고운 여주인은 해진 옷에 더러운 몰골의 열한 살 소년에게 음식과 깨끗한 옷을 주었고, 식당에서 일하게까지 해주었다. 매튜는 열심히 일했고 제니는 꼬박꼬박 봉급을 챙겨주었다.

식당에 자주 오는 단골손님 중에 매튜가 가장 좋아했던 사람은 '볼티모어 잭'이라는 노인이었다. 그는 뉴올리언즈의 큰 농장에서 일하던 노예 출신인데 뱃사람으로 일하며 돈을 벌었다고 했다. 매튜는 그때부터 배와 선장, 뱃사람을 동경했다.

그러던 차에 차일즈 선장을 만나고 배에서 일자리까지 얻게 되자 매튜는 흥분을 가눌 수 없었다. 그는 차일즈 선장이 시키는 일은 무엇이든 다 했다. 마실 것을 대령하는 것부터 느슨해진 밧줄을 묶는 일, 갑판을 청소하는 일 같은 것들 말이다.

어느 날 차일즈 선장은 그에게 공부를 해보지 않겠냐고 했다. 선장은 매튜가 학교 문턱에도 가 보지 않았다는 것을 알고 그에게 읽기와 쓰기, 수학, 문학, 항해술 등을 직접 가르치기로 했다.

선실 사환으로서의 생활은 '볼티모어 잭'이 떠벌렸던 것처럼 신나는 일이 아니었다. 차일즈 선장이 세상을 떠나자 매튜는 육지로 돌아가 일자리를 찾아보기로 했다. 그리고 그로부터 2년 뒤 해군 대위 '로버트 피어리'를 만나게 된다.

당시 피어리는 운하의 경로를 탐사하기 위해 니카라과로 항해할 예정이었다. 그는 열아홉 살 매튜가 바다에 대해 많은 것을 알고 있는 것을 보고 시종으로 고용했다. 매튜는 자신의 능력을 증명했고, 피어리는 이후 일곱 번의 탐험을 그와 함께했다. 매튜는 시종이라기보다 훌륭한 조수이자 동료였다.

1891년부터 1909년까지, 피어리와 매튜는 팀을 꾸려 북극을 탐험했다. 두 번째 탐험에서 그들은 그린란드 서북쪽의 곶을 바라보는 지점에 서 있었다. 피어리는 자신의 친구이자 동료인 매튜의 성을 따서 그곳을 '헨슨곶'이라고 이름 붙였다.

로버트 피어리와 매튜 헨슨이 함께한 여행 중 가장 널리 알려진 것은 그들의 마지막 탐험이다. 두 사람은 이미 북극 깊숙한 곳을 탐험했고, 이번에는 그 정점인 북극점까지 가기로 한 것이다. 1909년 8월 18일 피어리와 매튜는 '루스벨트호'에 올랐다. 배에는 이누이트족 49명과 246마리의 개, 70톤의 고래 고기, 총을 비롯한 사냥 도구들, 석탄이 가득 실려 있었다.

6개월이 지나 다음해 2월이 되었을 때, 그들은 북극에 있는 만년빙 근처에 닻을 내렸다. 탐험대는 식량과 담요를 썰매에 싣고, 썰매 개들을 이끌고 눈과 얼음만 보이는 허허벌판으로 들어갔다. 거친 얼음이 진로를 방해했기에, 탐험대는 곡괭이로 얼음을 깨어 길을 낸 후에야 전진할 수 있었다.

어떤 날은 두꺼운 얼음이 깨져 일행을 덮치기도 했고, 생전 처음 들어 보는 요란하고 무시무시한 얼음 갈라지는 소리에 몸서리를 치기도 했다. 이런 일이 일어날 때마다 탐험대는 이동 경로를 바꿔야 했다. 차디찬 북극해의 얼음 구멍으로 떨어지지 않기 위해서였다.

3월이 되자 썰매와 썰매의 간격이 벌어져 함께 이동하기가 어려워졌다. 매튜는 온통 하얀 풍경 한가운데서 일행과 떨어져 고립되어 버렸다. 일행이라고는 썰매를 끄는 개들뿐이었다.

혼자서라도 북극점을 발견하기로 작정한 매튜는 개들에게 더 빨리 달리라고 채찍질했다. 북극점 좌표에 도달했을 때 매튜는 기쁨에 겨워 울음을 터뜨릴 뻔했다. 눈물이 얼굴에 얼어붙을 정도로 춥지만 않았다면 정말로 울었을지 모른다! 그로부터 45분 후 피어리의 썰매가 도착했다.

"아마도 내가 세계의 꼭대기에 앉아 본 최초의 사람일 거야."

매튜는 자랑스럽게 말했다. 하지만 피어리는 아무 말 없이 자신이 가지고 온 막대기에 깃발을 묶는 일에 집중했다. 거칠게 매듭을 묶어 눈 속에 꽂아 넣는 행동을 보니 피어리가 화나 있음을 알 수 있었다. 여러 해 동안 탐험을 계획하고 이끌어 왔던 피어리는 북극점에 도달한 최초의 사람(함께했던 이누이트족을 사람으로 보지 않았던 피어리를 생각하면 그 표현도 틀리지는 않지만, 정확히는 북극점에 도달한 최초의 서양인일 것이다–역주)은 자기여야 한다고 생각했다.

피어리의 생각엔 매튜가 북극 정복의 영광을 주장하는 것은 옳지 않았다. 두 사람의 우정은 거기서 끝났다. 북극점에 최초로 도달한 사람이 누구냐는 논쟁은 여러 해 동안 이어졌다. 그로부터 몇 년 동안 피어리는 북극 탐험을 이끈 공로를 인정받아 여러 개의 상을 받았지만, 매튜는 잊혀졌다.

1912년 매튜는 '북극을 탐험한 검둥이'라는 책을 출간했다. 물론 피어리 역시 여러 권의 책을 냈다. 하지만 피어리의 탐험대에 매튜가 합류하는 일은 다시 없었다. 그리고 얼마 후 미국 대통령 '태프트'가 매튜에게 뉴욕 세관의 서기 자리를 제안했고, 매튜는 23년간 그 일을 계속했다. 정부 공무원으로 일하는 동안 매튜는 하버드대학에 입학해서 석사 학위를 받았다.

매튜가 70세가 되어서야 1909년 북극 탐험에서 자신이 한 일을 인정받을 수 있었다. 뉴욕의 탐험가 클럽은 그에게 명예회원증을 주었고, 아이젠하워 대통령은 그를 백악관에 초청해 공적을 칭송

했다. 1955년 매튜는 세상을 떠났지만 그를 기리는 일은 계속되었다. 1998년 미국 해군은 함정에 '헨슨'이란 이름을 붙였다.

매튜 헨슨은 일생을 통해 헌신과 정직을 몸으로 실천했다. 워싱턴의 작은 식당에서 마지막 북극 탐험에 이르기까지, 매튜는 자신의 모든 것을 쏟아부으며 살았다. 뒤늦게라도 그 공적을 인정받았으니 다행스러운 일이다.

Boys Who Rocked the World 22

시각장애인의 등불이 되다

★ 루이 브라유 ★

LOUIS BRAILLE

1809~1852년 | 교사, 발명가 | 프랑스

★

읽기 수업이 시작되었다. 하지만 보통의 읽기 수업과는 완전히 다른 풍경이 펼쳐졌다. 엄청나게 크고 두꺼운 책들이 받침대 위에 펼쳐져 있었다.

1819년 '프랑스 왕립 시각 장애아 학교'가 보유한 점자책은 단 열네 권, 당시로서는 아주 희귀한 것들이었다. 첫 수업을 받게 된 열 살 소년 루이는 가슴이 뛰었다. 마침내 책을 읽을 수 있게 될 참이었기 때문이다.

시각 장애인을 위한 최초의 점자책은 1784년 발명되었다. 점자책을 만들기 위해서는 왁스가 칠해진 두꺼운 종이에 커다란 활자를 대고 꽉 눌러서 자국을 남겨야 했다. 그래야 종이 뒷면에 올록볼록한 부분이 생겨 시각 장애인들이 손가락으로 더듬어 글을 읽을 수 있게 된다.

문제는 한 페이지에 담을 수 있는 글자가 몇 개 되지 않아, 책이 아주 크고 두꺼워진다는 것이었다. 사람이 들고 있을 수 없을 정도로 무거워 받침대에 받쳐 놓고 읽어야 했다. 그러나 읽을 수 있다는 것이 중요했다. 시력을 잃은 지 7년 만에 처음으로 책을 읽게 된 루이는 가슴이 뛰었다. 하지만 루이의 기대는 곧 실망으로 변했다. 글자 하나하나를 쫓아가는 데 시간이 너무 많이 걸렸던 것이다.

문장의 끝에 가면 처음 글자가 기억나지 않을 정도였다. 어렵게 기억을 하더라도 문제는 또 있었다. 프랑스 전역을 통틀어 점자책은 몇 권 되지 않았다. 제작 비용이 너무 많이 들고 부피가 커서 보관하기도 어려웠기 때문이다.

루이는 다른 방법이 있을 거라고 생각했다. 몇 년 동안 루이의 머릿속에서 그 문제가 떠나지 않았고, 결국 시각 장애인들에게 최고의 선물이 될 발명으로 이어졌다. 루이의 성을 딴 '브라유'라고 불리는 새로운 점자 체계를 고안해낸 것이다.

만약 브라유가 없었다면 시각 장애인들은 훌륭한 소설에 빠져드는 즐거움을 누릴 수 없었을 것이고, 운동 경기의 점수 확인처럼 다른 사람들이 당연하게 여기는 일상생활도 불가능했을 것이다.

루이 브라유는 세 살 때 시력을 잃었다. 파리 근교의 시골 마을에서 마구馬具를 만드는 아버지 가게에서 송곳을 가지고 놀다가 실수로 왼쪽 눈을 찔렀기 때문이다. 왼쪽 눈이 감염되었고, 어린 루이가 눈을 비벼 댔기 때문에 오른쪽 눈마저 감염되었다. 사고가 일어난 지 일주일 만에 루이는 양쪽 눈의 시력을 완전히 잃었다.

아버지는 루이에게 지팡이를 만들어 주었지만, 지팡이로 알 수 있는 세상이란 한계가 있었다. 실명으로 인해 루이는 고립되었다. 다른 아이들처럼 놀 수도 없었고, 숲속을 걷거나 나무타기를 할 수도 없었다.

게다가 예전 사람들은 맹인에게는 정신적 장애가 있다는 편견을 갖고 있었다. 눈으로 볼 수 없는 사람은 생각도 제대로 할 수 없을 것이라 여겼던 것이다. 시각 장애인은 학교에도 갈 수 없었고, 직업 교육이나 기술 교육도 받기 어려웠다. 당시 유럽에서 맹인은 길거리를 떠도는 걸인밖에 될 수 없었다.

그러던 중 마을의 신부님이 루이의 사정을 알게 되었다. 자크 팔뤼 신부는 교장을 설득해 루이를 학교에 입학시켰다. 마치 잃어버린 시력을 보완하려는 것처럼 루이의 학습 속도는 매우 빨랐다. 자크 신부는 루이를 파리에 있는 '왕립 시각 장애아 학교'에 입학시켜 주었다.

학교에 다니면서 루이는 처음으로 자기 힘으로 책을 읽었고, 자신의 생계를 책임질 기술들을 익혔다. 열세 살이 되었을 때, 루이의 일생에서 아주 중요한 인물이 학교를 방문했다. 프랑스 육군에서 은퇴한 '샤를르 바르비에'였다. 그는 긴 종잇조각이나 판지에 구멍을 뚫어 표시하는 군사용 암호를 발명한 사람이다. 그 암호는 점과 가로선을 기본으로 만들어졌다.

바르비에가 발명한 암호는 야전 지휘관이 야간에 소리 내지 않고 "전진하라!" 혹은 "퇴각하라!"와 같은 명령을 내릴 수 있게 해주었다. 바르비에는 어쩌면 이 암호가 시력을 잃은 사람에게 쓸모 있을지 모른다고 생각했다. 그는 각 단어를 소리 단위로 분해한 다음, 각 소리를 점과 가로선들의 조합으로 표현했다. 바르비에는 이 체계를 '소노그라피(소리 쓰기)'라고 불렀다.

교장 선생님은 소노그라피를 학생들에게 가르쳐보기로 했다. 루이는 얼마 안 되어 소노그라피의 달인이 되었지만, 배우면 배울수록 더 많은 문제가 있다는 사실을 알게 되었다. 기본적으로 소리를 기호로 표시한 체계이다 보니 철자나 구두점 등을 표시할 방법이 없었다. 또 기호 대부분이 너무 커서 손가락으로 한 번 만져서는 읽을 수 없었다. 루이를 제외한 대부분의 학생들은 소노그라피를 포기했다.

루이는 소노그라피를 가지고 혼자만의 실험을 시작했다. 열세 살부터 열다섯 살까지, 루이는 수업이 없는 시간 동안 좀 더 쉬운 점자 체계를 만들기 위해 연구했다. 밤을 새우는 일도 많았다. 종이 위의 점들을 뚫는 일에 열중하다 보면 어느새 건물 밖에서 마차 달리는 소리가 들려 왔다. 건강에 무리가 온 루이는 결핵을 앓게 되었다.

그러던 어느 날 밤, 급우의 코 고는 소리를 듣던 루이에게 한 가지 생각이 스쳐 지나갔다. '소리'가 문제였던 것이다. 바르비에의 체계 자체가 문제인데, 루이는 그 체계 안에서 효과적인 방법을 찾으려고 애썼다.

루이는 소리 대신 알파벳의 글자들을 나타내는 기호를 만들었다. 볼 수 있는 사람들이 사용하는 알파벳과 똑같이 말이다. '브라유 셀'이라고 불리는 이 체계는 아주 간단했다. 모든 글자는 가로 2칸 세로 3칸, 총 6개의 칸으로 이루어진 공간을 갖고, 각 칸에는 큰 점, 혹은 작은 점이 들어간다. 알파벳의 각 철자, 구두점, 기호, 숫자들이 각각 큰 점과 작은 점들의 배열로 표시될 수 있는 것이다.

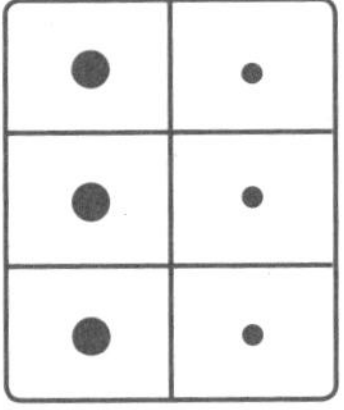

루이LOUIS라는 이름을 브라유 점자로 표시하면 다음과 같다.

L	O	U	I	S
● •	● •	● •	• ●	• ●
● •	• ●	• •	● •	● •
● •	● •	● ●	• •	● •

모든 글자와 기호가 손가락을 한 번 움직이는 범위 안에 다 들어온다. 루이는 자신이 발명한 것을 학교 교장 선생님인 피그니에 박사에게 설명하면서, 아무 책에서나 한 문단을 골라 큰 소리로 읽어

달라고 부탁했다.

"천천히 그리고 또박또박 읽어 주세요. 학생들에게 받아쓰기 문제를 낼 때처럼요."

피그니에 박사가 한 문장을 읽자, 루이는 종이 위에 구멍을 뚫어 나갔다. 그 일은 아주 쉬웠기 때문에 루이는 교장 선생님에게 좀 더 빨리 읽어도 된다고 말했다.

교장 선생님이 '읽기'를 마치는 것과 거의 동시에 루이도 '쓰기'를 마쳤다. 루이는 놀란 교장 선생님이 바라보는 가운데, 구멍 뚫린 종이를 들고 아까 읽어 주었던 문장을 하나하나 손가락으로 짚어가며 읽었다. 교장 선생님은 감격해서 어쩔 줄 몰랐다. 이것이 무엇을 의미하는지 알고 있었기 때문이다. 열다섯 살 소년이 전 세계의 시각 장애인을 위한 배움의 등불을 밝힌 것이다.

이후 몇 년 동안 루이는 자신이 만든 체계를 개량하고 보완했다. 스무 살 무렵 루이의 체계는 완벽해졌고, 그 체계에 대해 설명하는 책도 썼다. 책의 제목은 좀 길었는데 '시각 장애인들이 사용하고 배열할 수 있도록 만든, 점을 도구로 하여 단어와 음악, 노래를 적을 수 있는 방법'이다.

브라유 시스템은 초기 점자책의 문제들을 완벽하게 해결했다. 모든 글자가 손가락 끝에 들어왔으므로 훨씬 빨리 읽을 수 있었다. 인쇄된 글자와 마찬가지로 모든 글자가 동일한 면적을 차지했으므로 책을 그렇게 크게 만들지 않아도 됐고 만드는 비용도 훨씬 저렴

해졌다. 무엇보다 훌륭한 점은 브라유 점자가 알파벳과 같아서 배우기가 아주 쉬웠다는 것이다.

피그니에 박사는 루이의 발견을 널리 알리고자 했지만, 정부 당국의 입장은 소극적이었다. 그들은 과거의 낡은 점자책을 고집했다. 루이의 학교에 부임한 새로운 교장조차 브라유 점자 사용을 거부했다. 하지만 학생들이 서로에게 브라유 점자를 가르치자 결국엔 새로운 교장도 항복하고 말았다.

루이는 평생 왕립 시각 장애아 학교에 머무르며 교육에 전념했다. 43세의 젊은 나이에 결핵으로 세상을 떠나며 루이는 이런 말을 남겼다.

"나는 이 땅에 온 소명을 완수했다고 믿는다."

읽을 수 없는 삶을 상상할 수 있는가? 인터넷 검색도 못 하고, 컴퓨터 게임도 못 하고, 해리 포터 이야기도 읽을 수 없다. 한 소년의 발명이 없었다면 수백만 명의 시각 장애인들이 어두운 삶을 살았을 것이다. 루이 덕분에 시각 장애인들은 언제라도 원하는 것을 읽을 수 있다.

루이 브라유는 인류 역사상 가장 인간적인 발명품을 만든 사람으로 기억될 것이다.

Boys Who Rocked the World

자기계발을 넘어 자기혁신을 이룬 10대들

Boys Who Rocked the World 23

춤을 사랑하는 소년들이여, 꿈을 가져라!

★ 빌리 엘리어트 보이즈 ★

BILLY ELLIOT BOYS

2008~2010년 활동 | 발레리노 | 미국

★

키릴은 영화 '빌리 엘리어트'를 보고 큰 감동을 받았다. 동네 체육관에서 권투를 배우다가 우연히 춤을 좋아하게 되고, 결국 춤으로 스타가 된 영국 북부 탄광촌 출신 소년의 이야기다. 이 영화는 영국에서 뮤지컬로 만들어져 큰 인기를 모았고, 이제 그 뮤지컬이 미국에서 공연될 예정이었다.

지금 뉴욕 브로드웨이의 무대에 서게 될 무용수를 뽑는 오디션이 진행되고 있다. 키릴은 긴장을 풀기 위해 심호흡을 하며 발레화의 끈을 조였다. 그리고 물을 한 모금 마시며 마음을 다잡았다. 아주 오랜 시간이 걸릴지도 모른다.

심사위원들은 키릴이 발레 외에 다른 춤도 출 수 있는지 궁금해했다. 또한 노래를 할 수 있는지, 어떤 음역대가 가장 편한지도 물어봤다. 만약 키릴이 배역을 따내게 된다면, 빌리 역을 맡을 세 명의 소년 중 하나가 되는 것이다. 뉴욕의 제작사가 잡은 빡빡한 일정을 소화하기 위해서는 세 명이 교대로 무대에 올라야 했다.

오디션을 마친 키릴은 가족과 함께 대기실에서 결과를 기다리고 있었다. 마침내 대기실 문이 열리고, 캐스팅 감독이 이름을 불렸다.

"키릴 쿨리시?"

"네, 접니다!"

자리에서 벌떡 일어나며 키릴이 대답했다. 지금 이 순간을 위해 지난 몇 달 동안 얼마나 땀을 흘렸던가. 키릴은 2008년 미국에서 만들어진 뮤지컬 '빌리 엘리어트'의 오디션에 응모한 소년 1,500여 명 중 한 명이었다. 이 뮤지컬은 선풍적인 인기를 얻으며 토니상을 휩쓸었고, 빌리 역을 맡은 세 명의 소년이 뮤지컬 부문 남우주연상을 공동 수상했다. 뉴욕포스트지의 '사상 최고의 뮤지컬'이란 극찬은 덤이었다.

사실 뮤지컬의 성공 여부는 빌리 엘리어트를 연기할 소년에 달려 있었고, 주인공이 최상의 컨디션으로 무대에 오르기 위해서는 세 명의 빌리가 필요했다. 결코 쉽지 않은 일이었지만, 제작진은 빌리 역을 맡을 세 명의 소년을 찾아내고야 말았다.

세 명 모두 기대치를 뛰어넘는 실력을 갖고 있었다. 더욱이 이 소년들은 모두 현실판 빌리였다. 즉 춤추는 것을 사랑하고 수많은 난관을 극복했으며, 자신의 분야에서 최고 수준에 올랐다. 또한 자신의 일을 즐겼으며, 춤추는 순간 엄청난 행복감을 느꼈다.

뮤지컬 '빌리 엘리어트'의 특이한 점은 어떤 소년이 빌리 역을 연기하느냐에 따라 내용이 바뀌고 음악과 안무까지도 달라진다는 것이다. 성인 연기자들은 빌리 역을 맡는 소년에 맞춰서 자신들의 노래와 연기를 조정한다고 한다.

첫 번째 빌리, 키릴 쿨리시는 우크라이나 출신 부모에게 태어나 미국 캘리포니아주의 샌디에이고에서 자랐다. 키릴은 세 살 무렵 누나를 흉내 내어 춤을 추기 시작했고, 곧 발레와 볼룸 댄스 양쪽에서 뛰어난 실력을 발휘했다. 그는 샌디에이고 발레 아카데미 소년부에 들어간 최연소 단원이었고, 미국 청소년 그랑프리 경연대회 우승자이기도 하다. 키릴이 오디션에 통과했을 때가 열세 살이었는데, 그 후 키릴은 공연과 창조적 프로젝트에 참여하며 자신의 꿈을 펼치고 있다.

두 번째 빌리는 트렌트 코왈릭이다. 트렌트는 뉴욕 뮤지컬의 오디션을 보기 전부터 빌리였다. '빌리 엘리어트' 뮤지컬이 처음 만들어진 곳이 영국이었는데 영국에서 이미 빌리 역을 맡았기 때문이다. 트렌트 역시 세 살 때부터 탭댄스와 발레를 시작했고, 네 살 때는 아이리시 댄스를 배우기 시작했다. 뉴욕의 오디션에 응모했을 당시 그는 아이리시 댄스경연대회 우승자였다.

세 번째 빌리는 데이비드 알바레즈인데 캐나다에서 쿠바 이민자의 아들로 태어났다. 첫 번째 빌리와 두 번째 빌리가 서너 살 꼬마 시절에 춤을 시작한 것과는 달리, 데이비드는 다소 늦은 나이인 여덟 살에 춤을 처음 접했다. 가족이 캐나다에서 미국 샌디에이고로 이주하면서 데이비드는 샌디에이고 발레 아카데미에 들어갔고, 거기서 키릴 쿨리시와 함께 발레를 배웠다.

영화 속의 빌리 엘리어트는 가족의 반대의 부딪혔지만, 데이비드의 가족은 온 힘을 다해 데이비드를 응원했다. 뉴욕에 있는 발레 학교가 데이비드에게 전액 장학금을 제시하자, 가족은 주저하지 않고 미국을 가로질러 샌디에이고에서 뉴욕으로의 이주를 결행했다.

지금 세상을 바꾸고 있는 10대

에이먼 레먼

Aman Rehman

에이먼은 만 세 살이 되었을 때 춤추는 알파벳 글자들이 등장하는 첫 번째 컴퓨터 애니메이션 작품을 완성했다. 에이먼의 아버지는 형편이 넉넉하지 않았지만, 아들에게 재능이 있음을 알아채고 대학에 데려갔다. 대학 관계자들은 그렇게 어린 꼬마가 강의를 들으러 왔다는 말에 코웃음을 쳤다. 어쨌든 대학은 기회를 주었고, 강의를 들은 지 다섯 달 만에 에이먼은 자신만의 소프트웨어 프로그램을 만들어냈다. 그는 열 살 때부터 컴퓨터 애니메이션 제작 방법을 사람들에게 가르치고 있으며, 지금도 하루 여덟 시간 이상씩 컴퓨터 작업을 하고 있다.

2009년 7월 키릴 쿨리시, 트렌트 코왈릭, 데이비드 알바레즈는 토니상 시상식에 참석했고 뮤지컬 주연 배우 부문에서 수상했다. 토니상 최초의 공동 수상이었다. 이렇게 세 명의 빌리가 탄생한 이후, 지금은 더 어린 소년들이 빌리 엘리어트 역을 맡고 있다. '빌리 엘리어트'란 배역은 전 세계의 춤을 사랑하는 소년들에게 새로운 기회와 불굴의 도전을 상징하는 아이콘이 되었다.

Boys Who Rocked the World 24

날으는 토마토, 세계를 정복하다!

★ 숀 화이트 ★

SHAUN WHITE

1986년~ | 스노보더 | 미국

★

아홉 살 숀은 차가운 슬로프를 미끄러져 내려올 때 얼굴에 부딪히는 바람이 좋았다. 더 높이 더 멋지게 점프하는 새로운 기술을 배울 때면 행복했다. 그러나 숀이 가장 사랑한 것은 스피드였다. 보드의 속도를 아무리 높여도 성에 차지 않았다.

"천천히 내려와!"

슬로프 꼭대기에서 내려오는 그를 보고 엄마가 소리쳤다. 내려왔다가 다시 슬로프 꼭대기로 올라간 숀은 몸을 돌려 발의 자세를 바꿨다. 바로 백워드backwards 기술이다.

"재 지금 뭐 하는 거야?"

사람들은 슬로프에서 미친 듯이 속도를 내는 붉은 머리 소년에 대해 궁금해하기 시작했다.

숀 화이트는 1986년 미국 캘리포니아주 샌디에이고에서 태어났다. 그는 태어날 때부터 심장병을 갖고 있어서 다섯 살이 되기도 전에 두 번의 수술을 받았다. 하지만 스케이트보딩과 스노보딩을 포기하지 않았고, 아홉 살에 첫 후원 계약을 얻어내기도 했다. 또한 스케이트보드의 전설로 꼽히는 토니 호크를 만나 가르침을 받았다.

숀은 열두 살에 프로 스노보더 선수가 되었고, 그로부터 5년 후인 열일곱 살 때는 토니 호크의 도움으로 프로 스케이트보더가 될 수 있었다. 숀은 스노보딩과 스케이트보딩 두 종목 모두를 좋아했다. 하지만 따뜻한 지역인 캘리포니아주 남쪽에서 스노보더로 성장하기 위해서는 만만찮은 지원이 필요했다. 스키 시즌이 아닐 때는 친척이 숀을 차에 태우고 북쪽에 있는 높은 산까지 데려다주곤 했다. 덕분에 숀은 여름에도 스노보드를 탈 수 있었다.

숀은 고등학교에 들어가면서 운동선수로 화려하게 비상했다. 학교 성적에 신경 쓰지 않고 운동에 전념할 수 있었기 때문이다. 숀은 먼 거리를 이동하며 매년 15개 이상의 경기에 참가했다. 다행히 숀이 다니던 고등학교는 그다지 엄격하지 않았다. 숀은 "정말 쿨한 선생님들이 학교에서 쫓겨나지 않도록 도와주셨다"라고 말한다.

친구들은 숀을 부러워했다. 학기 중에 수업을 빼먹고 대회에 참가하는 것도 그렇고 유명한 사람들과 어울리는 것도 그랬다. 하지만 여름철에는 아무도 숀을 부러워하지 않았다. 친구들이 방학을 맞아 신나게 놀 때, 숀은 학기 중에 하지 못한 숙제를 하느라 진땀을 흘렸기 때문이다.

사춘기 시절, 숀은 늘 자신보다 나이 많은 사람들과 사귀었다. 열네 살 숀에게 스물여섯 살짜리 친구도 있었다. 그는 또래 친구들이 재미있어하는 일을 20대 남자들은 시시해한다는 것을 알게 되었고, 자신보다 나이 많은 사람들과 대화하는 법을 배웠다.

2006년, 스무 살의 숀은 동계올림픽 하프파이프 종목에서 동료 선수를 물리치고 첫 금메달을 땄다. 50점 만점에 46.8점! 올림픽 신기록이었다. 이 기록은 다음 올림픽에서 숀 스스로 깰 때까지 깨지지 않았다. 2010년 다음 올림픽에서 숀은 48.4점으로 자신의 이전 기록을 경신하고 다시 금메달을 땄다.

2010년 올림픽에서 독특한 보드 기술을 선보인 이후, 숀에겐 '날으는 토마토'라는 별명이 붙었다. 숀의 빨간 머리 때문이다. 숀은 스케이트보딩과 스노보딩 기술 분야에서 많은 기록을 갖고 있다. 그는 '백투백 더블 코크' 기술을 성공한 첫 번째 스노보더이며, 스케이트보딩 사상 처음으로 '캡7 멜론 그랩'에 성공하기도 했다. 숀의 대표적인 스노보드 기술은 '더블 맥트위스트'이다.

숀은 매년 열리는 대회에서도 좋은 성적을 냈지만, 특히 동계 X 게임(미국 최대 스포츠 그룹 ESPN이 개최하는 익스트림 스포츠 대회-역주)은 그의 독무대였다. 2002년 열여섯 살 때부터 시작해 2012년 여름까지 금메달 10개, 은메달 3개, 동메달 2개를 땄다.

그는 미국 스포츠계에서 가장 유명한 선수로 전 세계에 광팬을 거느리고 있다. 숀을 후원하겠다는 기업이 줄을 서지만 그는 아주

신중하게 처신한다. 아무리 세계적인 슈퍼스타라고 해도 스노보딩 스포츠의 진정성을 훼손해서는 안 된다고 생각하기 때문이다. 숀은 소니 플레이스테이션, 타겟, 유비소프트 등 세계적 기업들로부터 후원을 받았고 자신의 이름을 딴 비디오 게임 업체를 갖고 있다. 또한 스포츠용품 회사와 협업해 '화이트 컬렉션'이라는 의류 브랜드를 만들기도 했다.

★그 후의 이야기

숀 화이트는 2018년 우리나라에서 열린 평창 동계 올림픽에 참가해 스노보딩 하프파이프 부문에서 97.75점으로 금메달을 획득했다. 그의 마지막 경기는 2022년 베이징 올림픽이었다. 비록 성적은 부진했지만 전 세계인의 따뜻한 환대 속에 은퇴했다.

Boys Who Rocked the World 25

좌절은 없다, 우리의 음악은 전진한다

★ 블랙 아이드 피스 ★

THE BLACK EYED PEAS

1995년부터 활동 | 뮤지션 | 미국과 필리핀

★

윌리엄과 알란은 고등학교 1학년 때 만났다. 그들은 출생 배경과 외모뿐 아니라 모든 것이 달랐지만 음악이라는 공통분모를 갖고 있었다. 만나자마자 단짝이 된 그들은 함께하면 뭔가 큰일을 해낼 수 있을 거란 믿음이 있었다. 윌리엄과 알란은 '아트반 클란'이란 밴드를 결성했고 지방의 행사와 파티에서 공연했다. 음악과 무대 매너 모두 훌륭하다는 칭찬이 쏟아졌다.

입소문이 나자 유명한 래퍼 '이지-이**Eazy-E**'가 자신의 레코드 회사에서 데뷔 음반을 내지 않겠냐고 제안했다. 둘은 뛸 듯이 기뻐하며 열심히 음반 준비를 했는데, 앨범이 나오기 직전에 이지-이가 갑자기 세상을 떠나고 말았다. 그들이 공들인 앨범은 세상에 나오지 못하게 되었다.

하지만 그들은 실망하지 않았고, 자신들의 음악을 전 세계 사람들에게 들려주고 싶다는 열망은 조금도 줄어들지 않았다. 그들은 심기일전하겠다는 의미로 밴드 이름을 '블랙 아이드 피스**The Black Eyed Peas**'로 바꾸고 멤버를 보강했다.

나중에 윌 아이 엠Will.i.am으로 알려진 '윌리엄 제임스 애덤스 주니어'는 로스앤젤레스에서 태어나 여섯 형제와 함께 성장했다. 여섯 중 둘은 혈연으로 맺어진 형제, 넷은 입양된 형제였다. 윌리엄은 어머니의 뜻에 따라 부자 동네에 있는 고등학교에 진학했는데 거기서 '알란 피네다 린도 주니어'를 만나게 되었다.

윌리엄과 알란이 '블랙 아이드 피스'를 결성하고 얼마 안 있어 그들은 스타가 되었다. 윌 아이 엠은 아티스트로 성공했을 뿐 아니라 제작자로도 유명해졌다. 그는 마이클 잭슨, 브리트니 스피어스, 유투, 리한나, 어셔, 저스틴 팀버레이크, 셰릴 콜, 머라이어 캐리, 휘트니 휴스턴, 카를로스 산타나 등 내로라하는 가수들과 함께 작업했다.

여기서 끝이 아니다. 윌은 '엑스맨 탄생: 울버린' 등 몇 편의 영화에서 목소리 연기를 했으며, 자신의 패션 회사를 갖고 있고, 인텔사의 소프트웨어 부문 임원이 되어 스마트폰과 태블릿 등의 개발에도 참여하고 있다. 윌의 관심 영역은 음악을 넘어 끝없이 확장되고 있다.

한편 '애플딥'이란 별명으로 알려진 '알란 피네다 린도 주니어'는 1974년 필리핀에서 태어났다. 알란의 어머니는 혼자 힘으로 일곱 명의 아이들을 키웠는데 펄벅재단의 지원을 받았다. 알란은 그 재단을 통해 후원자를 소개받았고, 후원자가 알란을 미국으로 초청했다. 알란의 병을 치료하기 위해서였다.

사실 알란은 병으로 시력을 거의 잃은 상태였다(법적으로 맹인이었다). 그로부터 3년 후 치료를 끝낸 알란은 후원자에게 입양되어 미국에서 살게 되었고, 고등학교에서 윌리엄을 만나 자신의 꿈을 펼칠 수 있게 된 것이다.

'타부'라는 이름으로 알려진 여성 멤버 '제이미 루이즈 고메즈'는 1995년 '블랙 아이드 피스'에 합류했는데, 무술 동작과 비슷한 댄스로 유명하다. 사실 제이미는 홍콩 배우 이소룡이 만든 무술인 절권도를 수련한 경험이 있다고 한다. 타부는 래퍼와 키보드 연주를 담당하면서 다양한 영화에서 자신의 무술 실력을 뽐냈다. 그는 미국 대통령 선거 때 오바마의 '로고 송(Yes We Can)'을 불렀고, 2011년엔 자신의 자서전을 출간하기도 했다.

블랙 아이드 피스가 새로운 멤버 퍼기를 영입하고 2003년 낸 음반에는 '사랑은 어디에 있나요?**Where Is the Love?**'란 곡이 수록되었는데 이것이 그야말로 대박이 났다. 저스틴 팀버레이크가 참여하는 등 폭발적인 히트를 기록한 것이다. 이 싱글 음반은 미국 내에서 320만 장, 전 세계에서 920만 장 판매되는 대기록을 세웠다.

2005년 앨범 역시 발매 직후 미국 빌보드 200 앨범 차트에서 2위를 기록했고, 발매 첫 주에 29만 5천 장이 팔려나갔다.

블랙 아이드 피스는 빌보드지가 선정한 '지난 10년간의 아티스트' 부문에서 20위, '10년간의 인기 있는 아티스트 100인' 중에서 7위를 차지했다. 또한 그래미상을 3회 수상했고, 2011년에는 모든 아티스트들이 꿈의 무대라 일컫는 슈퍼볼(미국 미식축구 결승전-역주)에서 공연했다.

Boys Who Rocked the World 26

말 더듬는 약점을 극복하고 인도 최고 배우로!

★ 리틱 로샨 ★

HRITHIK ROSHAN

1974년~ | 배우 | 인도

★

여섯 살 리틱은 어른 배우들 사이에서 긴장한 채 서 있었다. 그는 지금 영화 장면에 넣기 위한 춤을 춰보라는 지시를 받았다. 리틱은 한편으로는 기쁘면서도 자신이 영화를 망치지 않을까 걱정도 되었다. 무엇보다 대사가 없으니 다행이라 생각했다. 그해 초 학교에서 구두시험을 치른 뒤로, 리틱은 뭔가 중요한 것을 말해야 할 때마다 말을 더듬었다.

음악이 연주되자 리틱은 박자에 맞춰 발을 구르기 시작했다. 언제 끝났는지도 모르게 촬영이 끝났다. 안도감이 밀려왔다. 리틱은 방금 자신의 첫 영화를 찍은 것이다.

리틱의 집안은 영화와 관련이 깊었다. 아버지와 어머니 모두 배우였고 할아버지는 영화제작자였다. 리틱은 영화와 함께 성장했고 영화 스타가 되겠다는 꿈을 키웠다. 하지만 그의 아버지는 아들을 영화배우로 키우는 것에 대해 확신이 없었다. 영화판에서 성공하는 것이 쉬운 일은 아니었기 때문이다.

아버지는 아들에게 연기 수업이 아닌 언어치료를 받게 했고, 학교 공부를 열심히 하라고 당부했다. 하지만 리틱은 학교가 싫었다.

학교에서는 자주 구두시험을 쳤고, 그때마다 리틱은 말을 더듬었다. 아이들은 그런 리틱을 보며 놀려댔다. 그런 상황이 너무 싫었던 리틱은 자주 학교를 빼먹었다.

다행히 언어치료는 효과가 있었다. 언어치료사가 내준 과제를 연습함에 따라 점점 덜 더듬게 된 것이다. 이렇게 하다 보면 언젠가 자신도 말을 잘할 수 있게 되고, 어쩌면 영화 속에서도 매끄러운 말솜씨를 뽐낼 수 있을지도 모른다고 생각했다. 리틱은 학업에 집중하면서도 종종 영화에 출연했다.

부모님의 권유에 따라 리틱은 대학에 진학해 커뮤니케이션을 공부하고 석사 학위까지 받았다. 부모님은 유학을 가서 계속 공부하기를 원했지만 리틱은 생각이 달랐다. 그는 본격적으로 연기 수업을 받을 생각이었다. 그는 시나리오 제작부터 촬영, 연기까지 영화 제작의 모든 분야를 열심히 공부했다.

2000년, 아버지는 리틱에게 자신이 준비하고 있는 영화 '사랑한다고 말해줘'의 시나리오 작업을 도와달라고 했다. 게다가 주연까지 맡아달라는 것이 아닌가. 리틱은 기쁨에 몸을 떨었다. 리틱이 시나리오를 쓰고 주연까지 맡은 이 영화는 크게 히트했다. 그해 개봉한 영화 중 최고 수입을 올렸고 인도 최대 영화제에서 수상하기도 했다. 리틱은 주연상과 신인상을 모두 받았다. 여섯 살 때부터 품고 있던 꿈이 실현된 것이다.

언론 매체들은 이 영화에서 보여준 리틱의 연기에 광분했다. 리틱의 인기가 얼마나 높았던지 온 나라가 리틱에 빠져 있는 현상을 '리틱 매니아'라고 부르기까지 했다. 이런 인기몰이 속에서도 리틱은 분별력을 잃지 않았다. 그의 말이다.

"나는 언론에 의해 하늘 끝까지 올라갔다가 다음 순간 바닥으로 끌어내려지는 것을 많이 봐 왔습니다. 그래서 지금과 같은 언론의 극찬에 자만하지 않을 것이고, 반대로 나를 깎아내린다 해도 위축되지 않을 겁니다. 나는 내가 대단한 사람이 아니라는 것을 잘 알고 있으니까요."

리틱의 출연을 요청하는 영화들이 너무 많아 그에게는 낭비할 시간이 없었다. 대중의 기대는 엄청나게 높았지만, 그가 출연한 영화들이 모두 성공했다고는 할 수 없다. 하지만 리틱은 위축되지 않았다. 그는 팬들을 만족시키기 위해 더 열심히 노력했다.

2003년 리틱은 아버지와 함께 영화 '나는 누군가를 찾았다'를 제작했다. 이는 인도 최초의 SF 영화였는데, 대중들은 이를 보며 다시 환호했다. 이 영화는 영화제에서 수많은 상을 받았고 리키는 최고 연기상을 수상했다. 2000년 이후 리틱은 20개 이상의 영화에 출연하며 능력을 단련시켜 나갔다. 리틱은 자신의 포부를 이렇게 밝힌다.

"나는 배우입니다. 스타는 그다음일 뿐입니다. 나는 모든 종류의 캐릭터를 시험해볼 계획입니다. 절대로 영화에서 보여준 한 가지 모습에 집착하지 않을 겁니다."

리틱은 지금도 여전히 관객들의 가슴을 뛰게 하는 매력을 갖고 있다. 2011년 리틱의 탄탄한 근육질 몸과 강렬한 시선을 그대로 재현한 밀랍 조각이 만들어져, 전 세계의 마담투소 밀랍인형 박물관에 전시되고 있다. 많은 팬들이 리틱 조각 옆에서 포즈를 취하고 사진을 찍으며 행복해한다고 한다.

Boys Who Rocked the World 27

은퇴 후에 신기술을 개발한 보딩의 신!

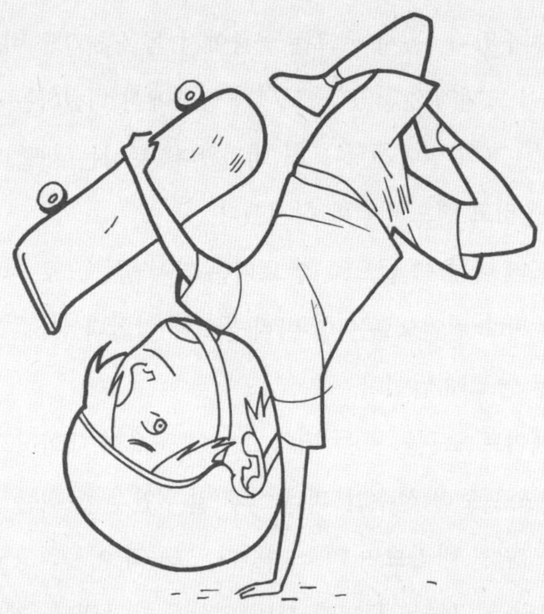

★ 토니 호크 ★

TONY HAWK

1968년~ | 스케이트보더 | 미국

★

열한 살의 토니는 램프의 꼭대기에 이르자 한 발로 보드 뒷부분을 강하게 눌렀다. 순간 스케이트보드가 하늘로 치솟았다. 동시에 그는 공중에서 몸을 360도 비틀었다. 잠시 중력이 느껴지지 않았다. 토니가 공중에서 회전하는 동안 스케이트보드는 그의 발아래로 흘러 내려왔다. 토니는 재빨리 보드 위에 발을 올리고 램프 바닥에 착지했다.

이어서 램프의 다른 쪽 끝으로 간 토니는 다시 공중으로 떠올랐다. 마치 바다 위로 뛰어오르는 한 마리 돌고래 같았다. 아주 괴상하고 비쩍 마른 돌고래 말이다.

근처엔 스케이트보드를 든 두 명의 소년이 웃으며 대화하고 있었다. 최고의 프로 보더 선수인 '피터스'와 '알바'였다. 토니는 보드를 멈추고 두 사람을 바라보며 미소 지었다. 그들과 어울리고 싶었던 것이다. 그러나 그들은 토니를 보며 인상을 찌푸렸다. 게다가 소년 중 하나는 토니를 향해 침을 뱉었다. 그는 두 사람에게 조롱거리에 불과했다.

그날 토니는 깨달았다. 저 녀석들보다 보드를 잘 타기 위해선

더 많이 배워야 한다는 것을. 그는 세계 최고의 보더가 되겠다고 맹세했다. 그러나 말처럼 쉬운 일은 아니었다. 안 그래도 토니의 생활은 끔찍했으니까. 토니는 그때의 심정을 이렇게 밝혔다.

"나를 조롱했던 두 명보다 더 끔찍한 것이 나 자신이었죠. 나는 세탁소 옷걸이처럼 비쩍 마른 데다, 설탕에 달라붙어 잉잉거리는 벌처럼 항상 열에 들떠 있었어요."

토니는 형을 통해서 처음 스케이트보드를 접했다. 형 스티브의 바나나 보드에 발을 얹어본 것이 첫 경험이었던 셈이다. 토니는 어렸지만 보드의 방향을 바꾸는 방법에 대해 알고 싶어 했고, 형이 가르쳐줄 때까지 집요하게 물었다. 마침내 토니는 자신 속에서 끓어 넘치는 에너지를 분출한 대상을 찾은 것이다.

초등학교 4학년이 된 토니는 처음으로 스케이트 공원에 가게 되었다. 공원의 이름은 토니의 상황에 딱 맞게도 '오아시스'였다. 다음해 토니는 어머니를 끈질기게 조른 끝에 마침내 오아시스에서 보드를 탈 수 있었다. 오아시스는 기술을 뽐내는 소년들로 늘 북적거렸다. 거기엔 토니가 꿈도 못 꿀 만큼 화려한 기술을 구사하는 소년들도 있었다.

그리고, 토니가 보드의 모든 기술을 터득하는 데는 그로부터 2년밖에 걸리지 않았다. 그뿐 아니라 토니는 자신만의 기술을 80개 이상 개발했다. 공중에서 보드가 거의 2회전을 하는 '프론트사이드 540/로데오 플립'이 대표적이다. 토니는 미친 듯이 보드에 몰입했고, 자나 깨나 보드 생각뿐이었다.

어느 날 한 무리의 선수들이 오아시스 공원에서 연습하고 있었다. 토니는 그들과 친구가 됐고, 곧 그들의 팀에 합류했다. 열세 번째 생일 직전의 일이다. 토니는 그렇게 아마추어팀에 들어갔지만 경기 결과는 좋지 않았다. 토니는 당시의 상황에 대해 "나는 한동안 형편없이 발렸다"라고 회고한다.

당시 토니는 키 122센티미터에 몸무게는 36킬로그램이었다. 스스로를 '걸어 다니는 젓가락'이라 부르기도 했다. 비록 최고의 보더는 아니지만 토니는 연습을 멈추지 않았다. 1982년 토니가 열네 살이 되었을 때 마침내 꿈이 이루어졌다. 프로 스케이트보드 선수가 된 것이다.

그러나 아직 갈 길이 멀었다. 그는 높이 도약하는 데 애를 먹는 중이었다. 몸이 너무 말라서 하프파이프(점프용으로 만들어진 U자 구조물–역주)의 끝에서 뛰어오를 힘이 부족했다. 하지만 토니에겐 힘 대신 창의성이 있었다. 더 높이 도약하기 위해 토니는 알리 기술(보드 뒷부분을 한 발로 세게 눌러 도약하는 방법–역주)로 공중에 뜬 다음, 파이프의 끝에서 보드를 튀겨 올렸다.

토니는 방과 후와 주말마다 스케이트보딩 순위를 올리기 위해 몸이 부서져라, 연습했다. 토니가 프로 스케이트보더라는 사실을 아는 사람도 거의 없었다. 그는 불쌍해 보일 정도로 마른 데다 기묘한 스케이터 복장을 하고 있었다. 즉 해골 무늬가 들어간 윗옷과

자루 모양의 헐렁한 바지, 그리고 강력 접착테이프가 덕지덕지 붙어 있는 신발을 신고 있었다. 대부분의 청소년이 스키니 청바지로 멋을 내던 시절이었다.

이후 몇 해 동안 토니는 많은 경기에 참가했고 가끔 우승하기도 했다. 토니가 프로 대회에서 처음 우승했을 때, 그 상대는 몇 년 전 토니에게 침을 뱉었던 그 아이였다. 열여섯 살이 되자 토니는 경기에서 지는 법이 없었다. 그는 명실상부한 스케이트보딩 세계 챔피언이었다. 외모도 많이 달라졌다. 몸에는 살이 적당히 붙었고 키도 193센티미터까지 자라 또래 중 가장 컸다.

토니를 후원하겠다는 기업들이 줄을 이어서 고등학교 3학년 때는 자신이 모은 돈으로 집을 사기도 했다! 무엇보다 좋았던 것은 토니가 자신의 기준에 따라 자신만의 스케이팅을 할 수 있게 되었다는 것이다. 그는 기존의 모든 기술을 마스터하겠다는 목표를 달성했고, 자신만의 새로운 기술을 개발하기도 했다.

그는 여러 해 동안 스케이트보드 세계를 지배하다가 은퇴했고, 이후 '버드하우스'란 이름의 스케이트보드 회사를 만들었다. 하지만 토니는 조용히 지낼 수 있는 사람이 아니었다. 은퇴를 했음에도 불구하고 필생의 기술을 개발하고 있었던 것이다. 바로 공중에서 3회전 후 착지하는 '900' 기술이다.

토니는 1986년부터 이 기술을 완성하기 위해 애썼고, 갈비뼈 하나가 부러지고 척추가 어긋나는 대가를 치렀다. 1999년 스케이트보더로는 할배라고 할 수 있는 서른한 살의 나이에, 토니는 X게임에서 900 기술을 성공시켰다. 관중들은 환호했고 동료 보더들은 토니를 감싸 안으며 성공을 축하했다. 전 세계 보더 최초로 900 기술에 성공한 것이다! 토니는 스케이트보딩의 신神으로 등극했다.

이후 토니는 더 많은 목표를 세웠고 목표를 하나하나 빠짐없이 달성했다. 그는 영화와 광고는 물론이고 비디오게임에 출연하기도 했다. '토니 호크의 프로 스케이터' 시리즈와 '토니 호크의 프루빙 그라운드' 같은 것들 말이다.

토니는 스케이트보더들을 지원하기 위해 '토니 호크 재단'을 만들었고, 미국 전역에 스케이트 공원을 건설하는 프로젝트에 큰돈을 기부하기도 했다. 토니 덕분에 스케이트보드는 세상에 널리 알려졌고, 그는 자신의 한계를 시험하려는 사람들에게 훌륭한 롤 모델로 우뚝 섰다.

Boys Who Rocked the World 28

명문대학 대신 꿈을 선택한 영화배우

★ 윌 스미스 ★

WILL SMITH

1968년~ | 배우 | 미국

★

소년 윌은 끼가 넘쳤고 사람을 끄는 힘을 가지고 있었다. 어디서나 '인싸'였던 그에게 고등학교 담임 선생님은 '왕자'라는 별명을 붙여주었다. 윌은 초등학교 때부터 이웃들의 파티에서 랩 음악을 연주했다고 한다.

그런데 놀랍게도 그의 어머니는 윌을 명문대학인 MIT(매사추세츠 공과대학)에 진학시키려고 했다. 사실, 윌은 공부를 잘했다. 윌의 대학수능시험SAT 점수는 MIT에 충분히 갈 수 있을 수준이었다. 하지만 윌의 꿈은 래퍼, 연주자, 엔터테이너였고 그는 자신이 선택한 꿈을 포기하지 않으려고 했다.

아들의 고집을 꺾지 못한 어머니는 딱 1년만 음악을 해보라고 허락했다. 1년 동안 해도 일이 잘 풀리지 않으면 대학에 진학하겠다는 조건이었다. 윌은 친구 제프와 '후레쉬 프린스The Fresh Prince'란 예명으로 활동을 시작했는데, 어머니의 기대와는 달리 첫 싱글 곡부터 히트를 기록했다. 고등학교를 졸업한 지 한 달밖에 안 된 수줍음 많은 소년이 대박을 터뜨린 것이다. 다음해엔 첫 앨범을 냈고, 랩의 슈퍼스타인 '런 디엠씨Run DMC'와 순회공연을 하기도 했다.

1988년 내놓은 앨범은 200만 장 이상 팔렸고, 듀엣 부문에서 그래미상을 받았다. 그래미상에서 힙합 앨범이 상을 받은 것은 이것이 최초였다. 윌은 어머니에게 고급 자동차를 선물했고, 더 이상 대학 이야기는 나오지 않았다. 윌이 가고 있는 방향은 분명했다.

1991년 윌은 또 다른 기회를 잡았다. 텔레비전 시트콤의 주연을 따낸 것이다. 부유한 친척 집에 얹혀살게 된 시골 소년의 이야기를 그린 이 드라마는 6년 가까이 방송되었고 윌은 완전히 유명해졌다. 이제 윌의 목표가 더 구체적으로 정해졌다. 세계 최고의 영화배우가 되는 것! 윌 스미스의 매니저인 제임스 레시터는 윌의 목표를 진지하게 받아들였다.

그때부터 윌과 제임스는 영화의 유행 흐름과 성공 요소들을 세밀히 분석하는 데 많은 시간을 투자했다. 역대 흥행 영화 10개를 살펴보니, 10개 모두 특수효과나 애니메이션을 사용했고, 9개는 앞의 두 요소에 창조된 생명체를 추가했고, 8개는 앞의 세 요소에 러브스토리를 버무려 넣었다는 분석이 나왔다. 이 연구를 토대로 그들은 영화 '인디펜던스 데이'를 만들었고, 개봉 첫 주에 9천만 달러의 흥행 성적을 올렸다.

하지만 영화가 한 번 성공했다고 해서 윌이 쉽게 배우의 길을 갈 수 있었던 것은 아니다. 영화감독들은 윌을 그저 래퍼로 봤고, 윌의 성공을 우연이라 생각했다. 영화감독들의 생각을 완전히 돌려

놓은 것이 액션 영화인 '나쁜 녀석들'이었다. 그 후 윌은 끊임없이 흥행 대박을 터뜨렸다. '맨 인 블랙', '나는 전설이다', '핸콕', '아이, 로봇' 등의 액션 영화들 말이다.

하지만 윌이 액션 연기만 잘한 것은 아니다. 로맨틱 코미디나 드라마 부문에서도 좋은 연기를 펼쳤다. 윌이 출연한 영화 19개 작품 중 14개 작품이 전 세계에서 흥행 수입 1억 달러 이상을 올렸고, 2개의 그래미상을 받았다.

2007년 뉴스위크지는 윌 스미스를 할리우드에서 가장 영향력 있는 배우로 선정했다. 할리우드의 그라우만 차이니즈 극장 밖 인도에는 윌의 손도장이 찍혀 있다. 그것은 수많은 할리우드 스타들의 손도장과 함께 영원히 기억될 것이다.

Boys Who Rocked the World 29

슈퍼히어로의 아버지

★ 스탠 리 ★

STAN LEE

1922~2018년 | 작가, 삽화가 | 미국

★

소년은 뛰어나가 우편함을 열었다. 그러고는 몇 개의 봉투 중에 자신이 찾고 있던 '헤럴드-트리뷴' 신문사로부터 온 편지를 찾아냈다. 신문사는 '금주의 최고 뉴스 공모전'이란 이벤트를 하고 있었는데, 지난 2주 연속 당선자가 스탠리였다. 그는 한 번 더 당선되기를 바라며 작품을 응모했다.

스탠리는 봉투를 찢고 안에 든 편지를 꺼냈다. 좋았어! 당선자는 또 스탠리였다. 하지만 봉투 안에는 편지가 한 통 더 있었다. 더 이상 '금주의 최고 뉴스'에 응모하지 말아 달라는 신문사 편집장의 정중한 부탁이었다.

스탠리의 글솜씨가 워낙 뛰어나서 다른 사람들이 당선될 기회가 없다는 것이다. 편지는 '직업 작가가 되어 보는 건 어떨까요?'라는 제안으로 끝나 있었다. 겨우 열다섯 살 때 뉴욕의 유력 신문사 편집장으로부터 직업 작가처럼 글을 쓴다는 말을 들은 것이다!

스탠리 리버는 1922년 뉴욕에서 태어났다. 부모님은 루마니아에서 미국으로 이민을 왔다. 집안 형편은 넉넉하지 않았고, 동생이 태어났을 때는 더욱 어려워졌다. 부모님은 늘 돈 문제로 다퉜다. 아버지는 매일 아침 집을 나가 일자리를 찾았지만 밤이면 소득 없이 집으로 돌아왔다. 가족의 미래는 점점 더 암울해졌다.

가족은 2, 3년마다 이사를 다녀야 했다. 집세를 감당할 수 없었기 때문이다. 이처럼 어려운 집안 형편에도 스탠리는 책 읽기에 몰두했다. 그는 읽고 또 읽었다. 거실에서도 읽고, 식탁에서도 읽고, 학교에서도 읽었다. 시간과 장소를 가리지 않고 어디서나 읽었다. 스탠리는 특히 '하디 보이즈' 시리즈(미국의 유명한 소년 탐정물–역주)를 좋아했다. 마땅히 읽을 책이 없으면 주방에 있는 식료품 병이나 상자에 붙어 있는 상표를 읽었다.

스탠리는 학교 성적도 좋았다. 빨리 졸업하고 가족의 생계를 도와주길 바라는 부모님을 위해 월반(상급 학년으로 건너뛰는 것–역주)을 하기도 했다. 어린 시절 몇 년 동안 학급에서 가장 나이 어린 학생으로 지낸 탓에 친구가 많지 않았다. 스탠리는 더욱 독서에 빠졌고 그림도 그리기 시작했다.

스탠리의 머릿속엔 늘 환상의 세계가 펼쳐졌다. 그곳에서는 어깨에 망토를 두른 이들이 하늘을 날아다녔고, 그는 그것을 그림으로 표현했다. 우선 하늘과 땅을 구분하기 위해 종이를 가로지르는 선을 하나 그리고, 그다음엔 구름과 함께 간단한 그림을 그렸다(졸라맨 같은 그림이었다–역주). 그림에 글을 써넣고, 다음 그림을 그렸다. 이런 식으로 그리다 보니 하나의 이야기가 완성되었다.

고등학교 때 스탠리는 글을 써서 돈을 벌기 시작했다. 하지만 그 일은 별로 신나지 않았다. 그가 한 일이 부고 기사를 쓰는 일이었기 때문이다. 죽은 사람에 관해 글을 쓰는 일은 피곤하고 우울했다. 그 후엔 국립결핵병원을 위한 글을 썼다. 여전히 지루하고 따분했다.

그는 다른 일거리를 찾다가, 삼촌으로부터 출판사에서 일해 보지 않겠냐는 말을 들었다. 막 고등학교를 졸업한 상태였던 스탠리는 한 출판사를 방문했다. 바로 '타임리 코믹스'였다(지금은 '마블 코믹스'로 이름을 바꿨다). 1939년 열일곱 살 소년은 출판사에 조수로 고용되었다. 그는 자신이 평생 열중하게 될 직업에 발을 들여놓은 줄은 꿈에도 몰랐다.

'타임리 코믹스'는 만화책 전문 출판사였는데, 스탠리의 친척뻘되는 마틴의 소유였다. 그전까지 둘은 이름만 아는 사이였지만, 이후 몇 년 동안 스탠리는 마틴 아저씨로부터 만화와 사업에 대해 많은 것을 배웠다. 당시 타임리 코믹스 출판사의 최고 히트작은 만화계에서 가장 영향력 있는 작가인 '잭 커비'가 만든 '캡틴 아메리카'였다. 스탠리가 처음 맡은 일은 캡틴 아메리카 최신작에 들어갈 필러 문장(활자체 등을 시험하는 데 필요한 글–역주)을 쓰는 일이었다.

스탠리는 자신이 쓴 글에 '캡틴 아메리카, 배신자의 역습을 물리치다!'라는 제목을 붙였다. 그리고 이런 멍청한 만화책에 자신의 이름을 내세우는 것이 싫어서 '스탠리 리버'라는 본명 대신 '스탠리'라는 필명을 썼다. 나중에 진지한 소설을 쓸 때를 대비해 본명을 아껴둔 것이다.

경험이 조금 쌓이자 그는 더 이상 만화를 우습게 보지 않게 되었다. 그는 자신의 이름을 아예 '스탠 리Stan Lee'로 바꿨다. 1941년 중요한 역할을 하던 작가와 아티스트가 출판사를 떠나자 스탠이 만화책을 만드는 일을 떠맡게 되었다. 열여덟 살 스탠이 타임리 코믹스를 책임지게 된 것이다. 제2차 세계대전 중 군인으로 복무했던 3년만 빼고, 스탠은 타임리 코믹스 출판사의 편집장과 대표로 일했다.

1950년대에 만화계는 분위기가 좋지 않았다. 아이들이 욕을 하고 나쁜 행동을 하는 것이 모두 만화책 때문이라는 고정관념 때문이었다. 만화책의 판매량은 뚝 떨어졌다. 그때 '타임리 코믹스'의 라이벌인 '디시DC 코믹스'에서 '저스티스 리그 오브 아메리카'가 출간되고 엄청난 인기를 모았다. 스탠에게 경쟁사를 이길 슈퍼히어로 팀을 만들어야 할 과제가 주어졌다.

스탠은 자신의 멘토와 다름없는 잭 커비와 상의해서 이런 결론을 내렸다.

'슈퍼히어로이지만, 자신들의 힘으로 해결할 수 없는 인간적인 문제를 가진 캐릭터를 만들자!'

스탠은 출판사 이름을 '마블 코믹스'로 바꿨다. 그리고 나온 것이 '판타스틱4'였다. 처음 생각대로 인간적인 결점을 가진 영웅들이 등장했다. 그런데 이것은 정말이지 신의 한 수였다! 독자들은 자신이 동경하는 영웅들도 인간적 문제로 고뇌한다는 사실에 열광했다.

스탠과 잭은 엄청난 인기를 얻었고 계속 새로운 작업을 해나갔다. 두 사람은 엑스맨, 아이언맨, 인크레더블 헐크, 스파이더맨 등의 캐릭터를 창조했다.

스탠은 만화책 출판 시스템도 바꿨다. 이야기를 구성하는 작가와 펜슬러(연필로 밑그림을 그리는 사람-역주)뿐만 아니라, 잉커(밑그림의 외곽선을 잉크로 옮겨 그리는 사람-역주)와 레터러(문자 작업을 하는 사람-역주)의 역할도 인정해 준 것이다.

일을 빨리 끝내야 할 경우, 스탠은 작화가와 회의를 해서 만화의 기본 줄거리를 구성하고, 그 줄거리에 따라 작화가들이 그림을 그려 스탠에게 보내고, 스탠이 그 그림에 글을 써넣는 방식으로 일했다. 이 방법을 통해 작화가들은 더 자유롭게 작업할 수 있었고, 스탠은 작업 시간을 벌 수 있었다.

1980년대엔 많은 만화들이 영화나 텔레비전 애니메이션 시리즈로 제작되었다. 아이언맨, 엑스맨, 판타스틱4, 스파이더맨이 대표적 사례다. 스탠은 만화를 비디오 게임으로 만드는 일에도 큰 역할을 했다. 그는 2000년, 2001년, 2010년에 출시된 3편의 스파이더맨 게임에 내레이션을 담당하기도 했다.

텔레비전과 영화로 사업은 나날이 확장되었지만, 스탠이 가장 좋아한 것은 마블 만화책의 스토리를 쓰고 편집을 하는 일이었다.
스탠 리는 2018년 96세의 나이로 세상을 떠났다.

Boys Who Rocked the World 30

열두 살에 체스 챔피언이 되다

★ 호세 라울 카파블랑카 ★

JOSÉ RÁUL CAPABLANCA

1988~1942년 | 체스 선수 | 쿠바

★

호세는 숨을 깊이 들이마셨다. 그는 쿠바의 체스 선수권자인 '후안 코르조'를 상대로 체스 경기를 하고 있다. 후안에게 첫째 판과 둘째 판을 연거푸 지면서 패색이 짙었지만, 세 번째 판이 무승부로 끝나자 어쩌면 이길 수도 있겠다는 느낌이 왔다.

호세와 후안은 경기 스타일이 좀 달랐다. 후안은 체스 고수들로부터 정식으로 체스를 배웠고 체스에 관한 책은 다 읽었지만, 호세는 자기 느낌으로 체스를 이해했다.

호세는 그 후 내리 세 판을 이겼고, 이제 한 판만 더 이기면 승리할 수 있었다. 승리는 그가 앞으로 체스 선수로 살아갈 수 있음을 의미했다. 그는 체스판에 온 신경을 집중했다.

"체크메이트!"

호세는 자신의 루크(장기의 '차'와 비슷하게 움직인다-역주)를 움직여 상대편의 킹을 구석에 몰아넣으며 '장군'을 불렀다. 관중들은 숨을 죽였고, 체스판을 확인한 심판이 고개를 끄덕였다. 그 순간 박수갈채가 터져 나왔다. 열두 살 호세 라울 카파블랑카가 쿠바의 새로운 체스 챔피언이 되는 순간이었다!

호세는 쿠바의 아바나 태생으로, 아기 때부터 아버지가 체스 두는 모습을 보며 자랐다. 네 살이 되었을 때 호세는 아버지가 친구와 체스 두는 모습을 보다가 킥킥대며 웃었다. 왜 웃냐는 아버지의 물음에 호세는 이렇게 대답했다.

"아빠가 나이트를 잘못 움직였으니까요."

체스판을 들여다본 아버지는 꼬마 호세의 말이 옳다는 사실을 알아차렸다. 호세의 아버지는 아들의 타고난 재능을 인정했고, 호세를 쿠바의 중앙체스클럽에 데리고 다니기 시작했다. 얼마 안 있어 그 클럽의 최고 선수들도 호세를 이기지 못했다.

성장한 호세는 미국으로 건너가 대학을 다니기로 결심했다. 뉴욕시의 컬럼비아대학에 입학한 호세는 열심히 공부하면서 체스는 더 열심히 뒀다. 호세는 '맨해튼체스클럽'에서 많은 시간을 보냈고, 거기서 평생 우정을 나눌 친구들을 사귀었다. 호세의 실력에 감탄한 동료 회원들이 미국 전역을 돌며 최고의 체스 선수들과 대결하는 행사를 주선했다. 이 투어가 끝나갈 무렵, 스무 살 호세는 미국의 체스 챔피언 마샬과 맞대결해서 8승 1패 14무승부의 전적으로 승리했다. 전 세계 체스 동호인들이 호세를 다시 보게 된 사건이다.

1911년, 한 해의 가장 중요한 경기가 스페인에서 열리게 되었다. 바로 '산세바스찬 국제 토너먼트'였다. 현 세계 챔피언인 '엠마누엘 라스커'를 제외하고 전 세계의 최고 선수들이 참여할 예정이었다. 그런데 이 토너먼트는 참가 자격을 엄격하게 제한했으므로, 호세는 그 기준을 만족시키지 못했다.

하지만 동료들은 집행부에 호세를 출전시키라고 강력하게 요구했고 결국 집행부는 굴복했다. 곧바로 체스 동호인들 사이에 소문이 퍼져 나갔다. 도대체 얼마나 대단한 선수길래 대회 규칙까지 바꿨을까?

출전 선수 중 한 명인 '아론 님조비치'는 호세에게 '고수들 앞에서 입을 다물라'라며 도발했다. 호세는 속기로 몇 판을 두어 손쉽게 아론을 이겼다. 이제 그 누구도 호세에게 가만있으라고 말할 상황이 아니었다. 하지만 호세를 기다리는 것은 환호와 박수가 아니라 시기와 질투였다. 라이벌 선수들은 그를 '운 좋은 애송이'라고 불렀다.

호세는 주변의 이야기에 신경 쓰지 않았다. 자신이 뛰어난 체스 선수임을 스스로 알고 있었기 때문이다. 호세는 세계 챔피언이 되어야겠다고 결심했다. 현재 세계 챔피언인 라스커는 이번 대회에 참가하지 않았다. 호세는 라스커에게 도전장을 보냈지만, 라스커는 복잡한 조건을 내걸면서 호세를 피했다.

2년 후, 호세의 고향인 아바나에서 체스 경기가 열렸다. 챔피언 자리를 놓고 호세와 전 미국 챔피언이었던 마샬이 붙게 되었다. 두

선수 모두 간절히 타이틀을 원했다. 긴장감 속에서 경기가 진행되었고, 결국 마샬이 호세를 간신히 이겼다.

호세는 자신이 조국의 명예를 떨어뜨렸다고 낙담했지만, 쿠바는 여전히 그를 열렬히 응원했다. 1913년 쿠바 정부는 호세를 외교부 직원으로 임명했다. 외교부 직원 호세가 해야 할 일은 체스를 두는 것이었다. 1914년 호세는 러시아 상트페테르부르크에서 열린 국제 체스 선수권 대회에 쿠바를 대표해 참가했다. 그 대회에서 호세는 마샬이나 님조비치를 만나게 될 것이고, 마지막엔 라스커와 일전을 벌여야 하리라.

호세는 첫 두 경기에서 불안정한 모습을 보였지만 이내 평정을 되찾았고, 마침내 라스커와 챔피언을 가리는 경기를 벌이게 되었다. 두 명의 위대한 체스 선수는 격렬한 공격과 영리한 술수로 서로를 밀어붙였다. 호세는 전력을 다해 싸웠지만 결국 라스커의 승리로 끝났다. 세계 체스 챔피언의 자리는 아직도 호세의 것이 아니었다.

그 후 호세는 쿠바 외교부 직원의 직책을 가지고 체스 경기를 하며 세계를 여행했고, 자신의 실력이 점점 향상되고 있음을 느낄 수 있었다.

전쟁이 끝나자 호세는 세계 챔피언 자리를 두고 다시 라스커에게 도전했다. 자신의 챔피언 타이틀을 지키는 일에 별 관심이 없었던 라스커는 기권했고, 호세에게 이렇게 말했다.

"이제부터 당신이 챔피언이오."

체스 애호가들은 스포츠 정신이 결여된 라스커의 행동에 매우 실망했다. 1년 뒤 호세는 다시 라스커에게 도전했다. 이번엔 호세와 라스커에게 각각 12,500달러씩의 대전료가 걸려 있었다. 라스커는 대결을 승낙했고, 열 번의 무승부 끝에 호세가 네 번의 승리를 거뒀다. 그러자 라스커는 다시 기권해 버렸다. 드디어 호세는 세계 챔피언이 되었다.

이후 몇 년 동안 여러 명이 세계 체스 챔피언 자리를 놓고 호세에게 도전했다. 1927년 호세와 알레킨 사이에 벌어진 세계 챔피언 결정전은 아르헨티나의 부에노스아이레스에서 열렸다. 챔피언이 되기 위해서는 한 선수가 여섯 판을 이겨야 했다. 두 사람이 격돌한 경기는 승부가 나기까지 무려 73일이 걸렸고, 세계 체스 챔피언 결정전 사상 가장 긴 경기 시간으로 남았다. 34회의 경기 끝에 알레킨이 결국 여섯 판을 이겼고, 새로운 세계 챔피언이 되었다.

1942년 호세는 '맨해튼 체스클럽'에서 체스 경기를 관전하던 중 갑자기 쓰러졌고, 다음날 세상을 떠나고 말았다. 오늘날 많은 사람이 고금을 통틀어 가장 위대한 체스 선수는 호세라고 생각한다. 호세는 선수 생활 중 600여 회의 체스 경기를 했지만, 그가 패배한 것은 단 36회에 불과했다. 알레킨조차 호세를 '가장 위대한 체스 천재'라고 불렀다.

Boys Who Rocked the World 31

땅콩버터를 발명한 식물학자

★ 조지 워싱턴 카버 ★

GEORGE WASHINGTON CARVER

1865~1943년 | 식물학자 | 미국

★

한 농부가 옥수수밭을 둘러보고 있었다. 며칠 동안 물도 많이 주고 비료도 바꿔봤지만 소용이 없었다. 옥수수를 잘 자라게 하기 위해 할 수 있은 일은 다 했다. 농부는 시들시들한 옥수수 줄기를 아들에게 건네며 이렇게 말했다.

"이걸 식물박사에게 보여주거라."

농부의 아들은 몇 킬로미터를 걸어 아버지가 말한 곳에 도착했다. 마침내 식물박사를 만나는 순간, 놀라움으로 입이 벌어졌다. 마을에서 '식물박사'라는 별명으로 불리는 '조지 워싱턴 카버'는 여덟 살 소년이었던 것이다! 조지는 농부의 아들이 들고 온 식물을 살펴본 뒤 자신 있게 말했다.

"이 옥수수를 우리 집 정원에 심어 놓고 몇 가지를 시험해 볼게요. 뭐가 문제인지 알아낼 수 있어요."

몇 주 후 조지를 찾아간 농부는 자신의 눈을 의심했다. 작고 시들시들하던 옥수수가 튼튼해지고 훌쩍 자라 있었던 것이다. 마법과도 같았다.

"이제부터 아저씨가 하실 일은요…."

어린 과학자는 농부의 병든 옥수수를 미친 듯이 자라게 해준 비료에 대해 설명했다. 농부는 이해가 되지 않았다. '도대체 이 아이는 어떻게 식물을 이렇게나 잘 아는 걸까?'

여덟 살 식물박사는 성장해 진짜 식물박사가 되었다. 그의 발명을 통해 오늘날 우리가 먹는 식품이 바뀌었고, 그의 아이디어 덕분에 농부들은 가난에서 벗어날 수 있었다. 그는 전 세계에서 가장 유명하고 존경받는 과학자 중 한 사람이다.

믿기 어렵겠지만, 이 과학 천재는 노예로 태어났다. 그와 그의 어머니는 카버 부부 집의 노예였다. 조지가 젖먹이였을 때 조지와 어머니가 침입자들에게 납치되었다. 침입자들은 그들을 다른 주로 데리고 가 비싼 값에 팔아넘길 작정이었다. 카버 부부는 이들을 찾기 위해 현상금을 걸었지만, 조지만 겨우 찾을 수 있었다. 침입자들은 아이가 병들었다고 생각하고 버렸던 것이다. 조지의 엄마는 끝내 찾지 못했다.

그때부터 카버 부부가 조지와 그의 형을 키웠다. 노예로서가 아니라 자신들의 자녀로 키웠다. 조지는 자연을 좋아해서 시간이 있을 때마다 연구할 대상들을 모으곤 했다. 식물, 암석, 흙은 물론이고 벌레와 곤충, 개구리까지 수집했다.

수집품이 감당할 수 없을 정도로 많아지자 카버 부부는 집 밖에 오두막을 지어 보관할 수 있게 해주었다. 조지가 여덟 살 무렵이 되자 그에게 조언을 들으려는 사람들이 찾아오기 시작했다. 조지는 아픈 식물들을 숲속에 있는 비밀 정원에 심어 놓고, 여러 가지 실험을 해서 건강을 회복하도록 했다.

그런데 조지가 가장 원했던 것은 학교에 다니는 것이었다. 조지의 말이다.

"아주 어릴 때부터 나는 영혼 깊이 배움에 목말라했습니다. 세상의 모든 돌, 꽃, 곤충, 새, 짐승들에 대해 알고 싶었어요."

마을 사람들 모두 조지가 얼마나 똑똑한지 알고 있었지만, 결코 백인 아이들을 위한 학교에 갈 수 없었다. 단지 학교에 가기 위해 수백 킬로미터를 걷고, 헛간에서 자고, 먹을 것을 구하기 위해 어린 나이부터 일한다는 것이 상상이 되는가? 어쨌든 열두 살 조지는 그렇게 했다!

그는 교육을 받기 위해 자신만의 계획을 세워야 했다. 자신을 받아 줄 학교를 찾고, 여비를 마련하기 위해 일하고, 한 선생님에게 배우고 나면 더 배울 것이 있는 선생님을 찾아 다시 길을 떠났다.

대학 입학은 조지의 가장 큰 꿈이었다. 여러 해 동안 힘들게 일한 끝에, 서른이 되어서야 조지는 대학에 입학할 자격을 갖출 수 있었다. 그리고 아프리카계 미국인(흑인)으로서는 최초로 아이오와 주립 농업기계기술대학에 입학했다.

하지만 조지는 대학에 가서도 편견에 맞서야 했다. 흑인이라는 이유로 식당에서 식사하는 것이 허락되지 않아 지하실에서 혼자 밥을 먹었다. 그래도 조지는 머리를 꼿꼿이 들고 품위를 지켰고 열심히 공부했다.

얼마 가지 않아 친구와 교수들은 조지의 진심에 감동했다. 그리고 오랜 시간이 흐른 뒤 마침내 식물박사의 꿈이 실현되었다. 농업 전공으로 석사 학위를 받은 것이다. 많은 대학에서 강사직을 제안했지만, 그는 앨러배마에 있는 터스케지대학에서 가르치기로 결심했다. 그곳은 흑인을 위한 대학이었다. 조지가 가기 전에 터스케지대학에는 농업학과조차 없었다. 조지는 아무것도 없는 상황에서 모든 것을 만들어갔다.

없는 것 중 하나가 강의실이었다! 조지는 학생들에게 모든 것을 재활용하는 방법을 가르쳤다. 폐기된 병은 실험용 비커가 됐고, 녹인 병뚜껑은 실험에 쓸 화학제품이 되었다. 이렇게 만들어진 농업학과는 대학 전체에 필요한 식품을 공급했고, 학생들은 농작물과 가축을 키우고 관리하는 가장 효율적인 방법을 배웠다.

조지는 소년 시절에 시작했던 연구를 대학교수가 되어 이어갈 수 있다는 사실에 기뻐했다. 가난한 농부들이 곤란을 겪고 있는 것을 보아 온 조지는, 그들의 문제를 해결하기 위해 시간을 쪼개 연구했다. 농부들 대부분이 비료를 살 돈이 없었기에 조지는 그들에게 공짜 비료 만드는 법을 가르쳤다.

풀을 높이 쌓은 다음 썩히는 방법, 즉 퇴비다. 가축을 먹이는 데도 비용이 많이 들었다. 조지는 미국 남부 지역에서 공짜로 얻을 수 있는 도토리로 가축 사료를 만드는 방법을 발명했다.

당시 미국 남부지방에서 가장 많이 재배하는 식물은 면화였다. 하지만 면화는 땅의 영양분을 너무 많이 빨아들였다. 면화를 몇 년 재배하고 나면 그 땅엔 아무것도 심을 수 없었던 것이다. 조지는 땅의 영양분을 회복시키는 식물들이 있다는 사실을 발견했다. 그는 농부들에게 돌려 심기(윤작)를 가르쳤다. 한 해는 면화를 심고 그다음 해에는 땅콩이나 콩, 고구마 등을 심으면, 땅으로 영양분이 돌아오고 땅은 힘을 되찾아 건강해진다는 것이다.

그 후 조지는 땅콩에 완전히 빠지게 되었다. 당시 농부들은 땅콩을 심긴 했지만 어떻게 활용해야 할지 전혀 몰랐다. 조지는 실험을 통해 땅콩의 용도를 300가지 넘게 개발했다. 땅콩을 원료로 우유, 버터, 커피, 샴푸, 물감, 페인트, 종이, 플라스틱, 하다못해 양념 소스까지 만들었다! 조지 덕분에 이제는 누구나 윤작을 하게 되었고 땅콩, 고구마, 콩은 미국 남부 지방의 3대 농작물이 되었다.

농부들은 조지의 아이디어에 열광했다. 흑인, 백인을 가리지 않고 남부 지방 전역에서 많은 농부들이 조지에게 도움을 구했다. 1918년 미국 정부는 조지를 초대해 공식적으로 정부 정책에 반영했다. 그 후 조지는 많은 업적을 쌓았고 헤아릴 수 없이 많은 상을 받았다. 그가 세상을 떠나고 거의 50년 후인 1990년, 조지는 흑인 최초로 미국 발명가 명예의 전당에 올랐다.

조지는 살아생전 큰 명예를 얻었지만 소박하게 살았다. 발명 특허를 얻어 백만장자가 될 수도 있었지만 조지는 한 푼의 돈도 챙기지 않았다. 아이디어는 신께서 주시는 것이니 모든 사람과 나눠야 한다는 것이 조지의 신념이었다. 사람들이 수표를 보내면 돌려보냈고, 많은 돈을 벌게 되면 그 돈을 관리하느라 바빠져서 연구할 시간이 없어질 것을 걱정했다. 조지는 연구에 전념하느라 결혼도 하지 않았다. '왜 결혼하지 않느냐'라는 질문에 조지는 이렇게 대답했다.

"꽃들과 대화하기 위해 매일 새벽 네 시에 밖으로 나가야 한다는 것을 아내에게 어떻게 이해시킬 수 있을까요?"

조지는 1943년 세상을 떠날 때까지 터스케지대학에서 연구하고 가르치는 일을 계속했다. 당시 대통령인 프랭클린 루스벨트는 그의 장례식에서 그를 잃은 슬픔을 다음과 같이 표현했다.

"과학계는 최고로 탁월한 인물을 잃었습니다. 그의 천재성과 업적은 진정 경이로운 것이었습니다."

여러분이 앞으로 땅콩버터를 먹거나 정원에 퇴비를 뿌릴 때, 어린 식물박사와 그의 멈추지 않았던 도전을 떠올리길 바란다.

Boys Who Rocked the World 32

수학을 사랑한 진리의 탐구자

★ 블레즈 파스칼 ★

BLAISE PASCAL

1623~1662년 | 수학자, 과학자, 철학자 | 프랑스

★

열두 살의 블레즈는 숨소리를 죽이고 현관문이 닫히는 소리를 기다렸다. 그 소리는 아버지가 집을 나가셨다는 신호였다. 쿵 소리와 함께 나무로 된 문이 닫히자 블레즈는 서둘러 수학 공책을 꺼냈다. 그는 삼각형을 연구하고 있었고, 뭔가 중요한 발견이 다가왔다는 느낌이 왔다.

블레즈는 사물의 형태와 도형에 관심이 많았는데, 아버지는 열다섯 살이 될 때까지 기하학 공부를 하지 말라고 했다. 아버지는 라틴어와 같은 고전 공부가 우선이라는 믿음을 갖고 있었다. 아들이 수학 공부에 빠져 행여 고전 공부를 포기할까 걱정이 되었던 것이다. 하지만 블레즈는 수학이 너무 좋았다. 아버지가 수학에 관련된 책들을 몽땅 치워 버렸지만, 그럴수록 수학 공부에 대한 열망이 불타올랐다.

블레즈는 자신이 방금 그린 삼각형의 모서리를 펜으로 톡톡 두드렸다. 그는 삼각형의 세 모서리의 각을 합하면, 두 개의 직각이 된다는 사실을 알아냈다. 그는 서둘러 모서리의 각이 제각각인 삼각형을 하나 더 그려 보았다. 역시나 세 각의 합은 180도였다!

어린 수학자 블레즈는 신기한 발견에 몰두한 나머지 아버지가 돌아오는 소리를 듣지 못했다. 자신의 등 뒤에 아버지가 서 있다는 것을 알아차렸을 때는 이미 늦었다.

“너 지금 뭐 하는 거니?”

아버지의 호통이 떨어졌다. 블레즈는 더듬거리며 변명거리를 찾아보았지만 딱히 할 말이 없었다. 블레즈는 차라리 솔직하게 말하기로 했다.

“어떤 문제를 탐구하고 있었어요.”

아버지는 몸을 굽혀 아들의 공책을 한참 동안 살펴보았다. 그러고는 한마디 말도 없이 방을 나갔다. 그날 밤 늦은 시간, 아버지는 블레즈가 발견한 것이 ‘삼각형의 세 각의 합은 180도’라는 유클리드의 32번째 명제라고 설명해 주었다.

“이 책을 보거라.”

아버지가 책 한 권을 내밀었다.

블레즈는 책의 부드러운 가죽 표지를 쓰다듬었다. 그건 유클리드의 ‘초등기하학’ 제1권이었다. 열다섯 살이 될 때까지 수학 공부를 하지 못하게 했던 아버지가 열두 살의 블레즈에게 수학 공부를 허락한 순간이었다!

블레즈 파스칼은 프랑스의 작은 마을에서 태어났다. 블레즈가 세 살일 때 어머니가 돌아가시자, 아버지는 블레즈와 세 명의 딸을 데리고 파리로 이사했다. 아버지는 파리의 학교들이 마음에 들지 않는다면서 자녀들을 직접 가르쳤고 수학 공부 금지 원칙도 정했다.

아들이 몰래 수학 공부를 하다가 발각된 사건 이후, 아버지는 라틴어 공부를 열심히 한다는 조건으로 수학 공부를 해도 좋다고 허락했다. 열여섯 살이 되던 해는 그에게 엄청난 의미가 있었다. 블레즈가 자신의 첫 번째 '정리(증명 가능한 수학 이론-역주)'를 만든 때이기 때문이다. 그는 여기에 '신비한 6선 성형의 정리'라는 이름을 붙였는데 나중에 '파스칼의 정리'로 불리게 된다.

아버지가 루앙 지방의 세금 징수원으로 가게 되자, 블레즈는 아버지가 세금을 걷는 일을 편하게 해드릴 장치를 개발하기 시작했다. 그 일은 생각보다 복잡했다. 프랑스의 화폐 단위가 10의 배수가 아니었기 때문이다. 당시 프랑스의 화폐는 12디니에르가 1솔, 12솔이 1리브르였다.

1645년 블레즈는 그 어려운 일을 해냈다! 그가 발명한 계산기는 오늘날 우리가 사용하는 디지털 계산기와 흡사했다. 그 계산기는 '파스칼린'이라고 불린다.

아버지가 사고를 당하는 등 불행한 일도 있었지만 블레즈는 연구를 계속했다. 특히 대기의 압력에 관심을 가졌고, 기압이 존재하지 않는 '진공'의 가능성을 생각했다. 1648년 블레즈는 땅에서 높이 올라갈수록 대기압이 감소한다는 사실을 증명했다. 그리고 이

같은 사실로부터 우주는 진공일 것이라고 추론했다.

그런데 당시 유명했던 또 한 명의 프랑스 수학자 '르네 데카르트'는 블레즈의 진공 이론에 반대했다. 그들은 자주 토론을 벌였지만, 지금은 세상 사람 모두가 파스칼이 옳다는 사실을 안다.

블레즈는 페르마와 함께 확률 이론도 발전시켰다. 두 사람의 관심사는 주사위였다. '한 쌍의 주사위를 던져서 두 주사위 모두 6의 눈이 나오게 하려면 몇 번을 던져야 하는가'가 문제였다. 주사위 게임이 끝나지 않은 상태에서 상금을 배당할 때, 어떤 방법을 써야 하는가에 대한 답을 내기 위해서였다.

아버지가 돌아가신 후에 블레즈는 수도원에 들어가 철학과 종교에 깊이 빠져들었고, 그 후 수학 관련한 연구는 거의 하지 않았다. 블레즈는 종교 철학에 관한 책 '팡세'를 출간했다. 이 책은 종교 서적이긴 하지만 수학자의 문체를 사용했기에 마치 기하학이나 확률 문제를 푸는 느낌을 준다고 한다.

이 책에서 밝힌 블레즈의 생각이다.

"신이 존재하지 않는다면 신을 믿는다고 해서 잃을 것이 없지만, 신이 존재한다면 신을 믿지 않는 사람은 모든 것을 잃게 될 것이다."

블레즈는 말년에 통증과 지독한 불면증에 시달렸다. 그 와중에도 교회 예배에 빠지지 않았고 늘 가난한 사람들을 위해 봉사했다. 그는 진리의 탐구자이자 선한 의지의 실천자였다.

Boys Who Rocked the World

용기와 리더십으로 세상을 흔든 10대들

내 손으로 전기를 만들 거야!

★ 윌리엄 캄쾀바 ★

WILLIAM KAMKWAMBA

1987년~ | 발명가, 기술자 | 말라위

★

열네 살 윌리엄은 책의 한 페이지를 뚫어지게 보고 있었다. 풍차를 이용해 전기를 만드는 방법을 설명한 페이지였다. 윌리엄은 아프리카 동쪽에 있는 나라인 말라위에 살고 있는데 대부분의 집에 전기가 들어오지 않았다. 윌리엄은 이 책을 읽은 후 자신이 직접 전기를 만드리라 결심하고 마을의 고물상에서 필요한 부품들을 모았다.

그런데 문제는 자전거 발전기를 구할 수 없다는 것이었다. 자전거 발전기가 없다면 모든 것이 허사가 될 형편이었다. 게다가 주변 사람들 모두, 하다못해 어머니조차 윌리엄이 미쳤다고 생각했다. 윌리엄 주변의 가족, 친척, 이웃들은 풍차를 본 적도 없었고, 설령 풍차를 안다 해도 집 주변에서 얻은 나무며 버려진 트랙터 팬, 자전거 뼈대 같은 것들로 풍차를 만들 수 있다고는 생각하지 않았다.

그해 윌리엄은 학교를 그만두었지만, 학교 건너편에 있는 고물상에 가기 위해 매일 학교 근처에 들렀다. 친구들은 폐품 더미를 뒤지고 있는 윌리엄을 놀리곤 했다.

"저기 캄쾀바 좀 봐. 또 쓰레기랑 놀고 있네!"

낡은 기계 부품, PVC 관, 전선 등은 다른 사람들에겐 쓰레기였지만 윌리엄에겐 보물이었다. 윌리엄의 어머니는 매일 쓰레기를 뒤지는 아들을 보며 걱정이 태산이었다.

어느 날 윌리엄이 사촌인 길버트와 길을 걷고 있는데, 자전거 한 대가 빠른 속도로 두 사람 곁을 스쳐 갔다. 길버트가 "저것 봐!"라고 소리쳤다. 그 자전거 뒤에 붙어 있는 것은, 윌리엄이 그토록 갖고 싶어 하는 자전거 발전기였다.

말라위에서 가장 흔한 이동 수단은 자전거였고 전기는 늘 부족했으므로, 자전거 발전기는 그리 귀한 물건이 아니었다. 하지만 가난한 농부의 아들에게는 예외였다. 윌리엄은 자전거에 달린 발전기를 볼 때마다 속이 타들어갔다.

그런데 윌리엄의 사촌인 길버트는 그 지역 부족장의 아들이었고 용돈도 넉넉했다. 자전거를 쫓아간 길버트는 500콰차(약 1,600원)를 줄 테니 자전거 발전기를 팔라고 말했다. 충분한 돈은 아니었지만 자전거 주인은 현찰을 거부할 수 없었다. 말라위의 경제는 어려웠고 모두가 가난했기 때문이다. 길버트는 자신의 용돈을 모아서 윌리엄에게 자전거 발전기를 선물해준 것이다.

이제 모든 준비가 끝났다. 윌리엄이 도대체 무슨 일을 꾸미는지 궁금했던 사람들이 한 자리에 모였다. 그들 중에는 평소 윌리엄을 '멍청이'라고 부르던 사람들도 있었다. 윌리엄은 자신이 만든 풍차의 높은 탑 위에 서 있었다. 그는 손을 뻗어 기계 한가운데서 나온

전선 두 개의 끝을 연결한 다음, 풍차 날개가 돌지 않도록 끼워 놓았던 금속 조각을 빼내었다.

풍차 꼭대기에서 내려온 윌리엄은 풍차에 연결된 전구를 손에 들었다. 그 순간 바람이 불었고 서서히 풍차의 날개가 돌기 시작했다. 모두가 숨을 죽인 가운데 전구에 '반짝' 불이 들어왔다. 전구는 몇 번 깜빡깜빡하더니 이내 환한 빛을 발했다.

"정말 전구가 켜졌어!"

"윌리엄이 해냈구나!"

사람들이 웅성거리기 시작했다.

1987년 아프리카 말라위공화국에서 태어난 윌리엄 캄쾀바는 일곱 형제 중의 첫째였는데 아래로 여섯 명의 누이동생이 있었다. 그는 학교에 가면 늘 괴롭힘을 당했다. 그를 보호해줄 형이 없었기 때문이다. 하지만 윌리엄은 꿋꿋했다. 중학교 성적이 우수해서 고등학교에 진학할 자격은 있었지만, 말라위에서는 부자들만 고등학교에 다닐 수 있었다.

엎친 데 덮친 격으로 윌리엄이 열네 살 무렵 말라위에 심각한 가뭄이 들었다. 윌리엄이 더 이상 학교에 다닐 수 없었다는 뜻이다. 사실 그의 가족은 끼니를 걱정해야 할 형편이었다. 말라위 국민의 80퍼센트는 옥수수를 재배하는 농민이었고 주식도 옥수수로 만든 '시마nshima'였다.

그해 가뭄이 들자 옥수수는 거의 다 말라 죽었고, 윌리엄의 가족은 간신히 세 포대의 옥수수를 수확할 수 있었다. 그것으로 온 가족이 일 년을 버티기 위해서는 하루 한 끼, 그것도 한 끼에 세 숟가락 정도의 시마만 먹어야 했다. 윌리엄의 아버지가 아침 식사를 거르고 나가는 날이 많았다. 자식들에게 한 술이라도 더 먹이고 싶었기 때문이다.

윌리엄은 학업을 중단하기로 결심했는데, 그때쯤 학교 도서관에서 에너지에 관한 책을 발견했다. 책 속엔 풍차로 전기를 만들고 물을 퍼 올리는 방법이 그림으로 그려져 있었다. 만약 옥수수밭에 물을 끌어들일 수 있다면, 앞으로 가뭄이 닥쳐도 농작물을 지킬 수 있을 것이다. 윌리엄은 눈앞이 환해지는 느낌이었다. 무슨 수를 써서라도 전기를 만들고야 말겠다고 다짐했다.

학교 선생님의 도움을 받아 어떤 부품이 필요한지 알아냈고 동시에 전자기학의 기본 원리를 공부했다. 난생처음 영어도 배웠다. 2002년 윌리엄은 첫 번째 풍차를 완성해서 전구에 불을 밝혔다. 이어서 플라스틱으로 스위치를 만들어 4개의 전구에 불이 들어오게 했다. 윌리엄은 전기 벨을 본떠 회로차단기도 만들었다.

소문을 듣고 먼 곳에서 이 풍차를 보러 왔고, '바람을 길들인 소년'에 관한 소문은 온 나라에 퍼져나갔다. 2006년 11월에는 캄쾀바의 풍차 이야기가 신문과 블로그에 실렸다. TED 국제회의의 프로그램 책임자인 '에메카 오카포'에게도 이 소식이 전해졌다. 오카포는 탄자니아에서 열린 TED의 국제 행사에 윌리엄을 초청했다.

TED 회원들은 윌리엄이 학업을 계속하면서 두 번째 풍차를 만들 수 있도록 도와주겠다고 약속했다. 그 후 고등학교를 마친 윌리엄은 남아프리카공화국에 있는 '아프리카 지도자 아카데미'에 입학했다. 이후 그는 꿈꾸던 대형 풍차를 만들어 농사에 이용했으며, 얼마 후엔 태양에너지로 움직이는 펌프를 사용해 깊은 우물을 팠다. 그 우물은 현재 6개 마을에 물을 공급하고 있다.

윌리엄은 '움직이는 풍차 프로젝트'라는 비영리 조직을 만들어서, 말라위의 다른 마을과 이웃 나라에 태양에너지 물 펌프를 보급하고 있다. 그는 미국 기자와 함께 '바람을 길들인 풍차 소년'이란 자신의 이야기를 소설로 썼는데, 나중에 이 소설은 다큐멘터리 영상으로도 만들어졌다. 2010년 윌리엄은 전 세계 취약계층 아동들을 지원하는 단체인 '고 캠페인'이 수여하는 상도 받았다.

윌리엄 캄쾀바는 미국의 대학에서 공학을 공부하는 한편, 고향 마을 청년들에게 풍차와 물 펌프를 만드는 기술을 교육하겠다는 계획도 차근차근 실천하고 있다.

Boys Who Rocked the World 34

승부사 빌에서 자선활동가 빌까지

★ 빌 게이츠 ★

BILL GATES

1955년~ | 소트트웨어 개발자 | 미국

★

열여섯 살의 소년 빌은 자신의 집 거실에서 일생일대의 순간을 맞고 있었다. 시청에서 나온 공무원이 빌이 만든 기계의 시연을 기다리는 중이었다. 드디어 빌은 자신이 발명한 기계인 '트라포-데이터Traf-O-Data'에 지시 문장을 입력했다. 트라포데이터는 몇 분의 작업으로 복잡하고 번거로운 교통량 데이터를 분석하도록 설계된 기계다. 그런데 기계는 몇 차례 윙 소리를 내더니 멈춰 버렸고 아무것도 나오지 않았다. 당황한 빌은 다급한 목소리로 어머니께 도움을 구했다.

"엄마, 이분께 말 좀 해줘요. 이게 정말로 작동한다고요!"

그러나 시청 공무원은 '내 그럴 줄 알았다'라는 무덤덤한 표정으로 자리에서 일어나더니 이렇게 말했다.

"얘야, 더 이상 시간을 낼 수 없구나. 고등학교 졸업하면 한번 보자."

당시 시청 공무원은 자기 앞에서 울먹거리던 소년이 미국 역사상 최연소 억만장자가 될 것이라곤 상상하지 못했을 것이다. 빌은 아주 어릴 때부터 스물다섯 살이 되기 전에 백만장자가 될 거라고 말하곤 했다. 그리고 열여섯 살에 컴퓨터 회사를 설립하고 '트라포데이터'를 발명한 것이다.

빌 게이츠의 부모는 대단히 엄격해서, 집에서 지킬 규칙을 만들어 꼭 지키도록 했다. '자기 방을 깨끗이 청소해야 한다, 주말 밤에 텔레비전 시청은 절대 안 된다'라는 식이었다. 빌은 텔레비전을 보는 대신 엄청난 분량의 책을 읽어 치웠다. 특히 공상과학 소설을 좋아했다. 그러나 아무리 부모님이 닦달해도 빌의 방은 쓰레기장 같았다. 나중에 빌이 마이크로소프트사에서 일할 때도 그 모습은 여전했다고 한다.

빌은 게임뿐 아니라 모든 분야에서 승부욕을 발휘했다. 선생님이 4~5쪽을 써 오라고 숙제를 내면 30쪽을 써냈다. 그러나 빌의 승부욕이 학교 성적을 올리는 일엔 예외여서, 부모님은 빌을 사립학교로 전학시켰다.

전학 간 새 학교에서 빌은 몹시 힘든 시간을 보냈다. 그는 또래 친구들에 비해 몸집이 아주 작았는데 이상하게도 발만 어마어마하게 커서(310㎜라고 한다) 놀림감이 되곤 했다. 불행 중 다행으로, 빌은 단짝 친구를 만드는 데 성공했다. 바로 '켄트 에반스'였다. 빌과 켄트는 수학과 과학을 좋아했고 포춘지를 함께 읽었다. 빌은 이렇게 말하곤 했다.

"우리 둘이 함께하면 세상도 정복할 수 있을 거야."

사립학교에서 2년을 보낸 후 빌은 자신의 특별한 장점을 찾아냈다. 그해 학교에서는 텔레타이프 기기를 구입했다. 당시 세상에 존재하는 컴퓨터는 대형 메인프레임 컴퓨터뿐이었다. 작은 방 크기에 엄청나게 비싸서 아무나 컴퓨터를 가질 수 없었다. 이때 필요한 것이 텔레타이프 기기였다. 텔레타이프는 시내에 있는 메인프레임 컴퓨터와 학교를 연결하는 역할을 했다. 그리고 학생들은 컴퓨터에 접속한 시간만큼의 비용을 지불해야 했다.

빌은 아예 컴퓨터실에서 살다시피 했고, 프로그래밍 언어인 베이식BASIC을 금세 배워서 메인 컴퓨터와 소통할 수 있었다. 빌이 자신의 첫 번째 프로그램 '틱-택-토 게임'을 만든 것이 불과 열세 살 때였다! 빌은 계속 새로운 게임을 만들었다. 달 착륙 게임을 만들었고, 자신이 좋아하는 보드게임인 리스크(군사 전략 게임-역주)와 모노폴리(재산 불리기 게임-역주)를 컴퓨터 버전으로 만들었다. 이후 빌의 성적은 엄청나게 올라갔다. 빌의 말이다.

"나는 새로운 형태의 반란을 창조했다."

컴퓨터가 빌의 창의성과 수학적 재능을 분출시켜 준 것은 확실했지만, 컴퓨터에 너무 몰입한 나머지 말썽도 있었다. 빌의 프로그램 중 일부가 전체 메인프레임과 충돌을 일으켰기 때문이다. 또한 빌과 친구들은 컴퓨터의 보안시스템에 침입해 자신들의 컴퓨터 사용 기록을 조작하기도 했다. 메인 컴퓨터 사용료를 적게 내기 위해서였다. 빌을 포함한 이 해커 일당은 결국 꼬리가 잡혔고, 빌은 학교에서 쫓겨날 뻔했다!

빌이 프로그래밍 천재라는 소문이 퍼져나가자, 가끔 선생님들이 컴퓨터에 생긴 문제를 해결해달라고 부탁하기도 했다. 학교는 수업 일정을 짜는 컴퓨터 프로그램을 만들기 위해 빌과 켄트에게 수고비를 지불하겠다고까지 했다! 하지만 그로부터 1주일 후 비극이 닥쳤다. 등산을 갔던 켄트가 산에서 추락해 세상을 떠난 것이다.

빌은 친구의 죽음에 큰 충격을 받았다. 처음 만났을 때부터 그들은 아무도 갈라놓을 수 없는 끈끈한 사이였다. 한동안 빌은 아무것도 할 수 없었다. 한참이 지난 후에야 빌은 수업 일정을 짜는 프로그램 작업에 복귀했고, 친구 '폴 앨런'의 도움을 받아 프로그램을 완성했다.

빌과 폴은 트라포-데이터 만드는 일을 계속했다. 트라포-데이터는 완벽하다고는 할 수 없었지만 성공작이었다. 미국 북서부와 캐나다 도시들이 교통량 분석을 위해 트라포-데이터를 사용하기로 했다. 회사에 돈이 들어오자, 빌은 사업 수완을 발휘하기 시작했다. 빌은 자신의 회사에 친구들을 고용했다. 트라포-데이터로 빌과 폴이 번 돈은 2만 달러(1970년 10대 소년들에게 2만 달러는 어마어마하게 큰돈이었다!)였다. 그들은 전력망을 제어하는 프로그램을 설계했고, 방위산업 관련 업체에 프로그램을 제공하기도 했다.

성적이 좋았던 빌은 장학금을 받고 하버드대학에 입학했다. 대학에서 그는 문학, 사회과학, 수학, 화학을 공부했다. 하지만 빌의 마음은 늘 컴퓨터에 가 있었다. 빌은 언젠가는 모든 사람이 자신만의 개인용 컴퓨터를 갖게 될 것이라고 예측했는데, 사람들은 그가 제정신이 아니라고 생각했다.

1975년 에드 로버츠가 진정한 의미에서 최초의 개인용 컴퓨터 PC인 '알테어'를 발명했다. 오늘날의 컴퓨터와는 비교할 수 없는 수준이지만(4K 메모리에 키보드도 없었다), 중요한 것은 기술 혁명이 시작되었다는 것이다. 두 사람은 '마이크로소프트'라는 이름의 회사를 차리고, 알테어를 위한 베이직 프로그램을 만들기로 했다. 7주 동안 밤낮을 가리지 않고 노력한 덕분에, 최초의 PC용 소프트웨어가 탄생했다. 빌이 열아홉 살 때였다.

그들이 만든 새로운 소프트웨어를 사겠다는 주문이 밀려들고 판매 첫해의 수익이 100만 달러를 넘자, 빌은 하버드대학을 중퇴했다. 마이크로소프트사의 일에 전념하기 위해서였다. 빌과 폴은 예전의 친구들 몇 명을 고용했는데, 사람들은 그들을 '마이크로 키즈'라고 불렀다. 당시 대부분의 회사원은 양복과 넥타이 차림이었는데, 이들은 청바지에 티셔츠를 입고 긴 머리에 록 음악을 들으며 일했기 때문이다. 그들의 모습은 충격 그 자체였다.

1981년 빌은 또 한 번의 기회를 잡았다. IBM 회사가 자신들이 출시하는 새 PC의 운영체제OS를 만들어 달라고 요청한 것이다. 빌은 IBM과의 첫 회의에 지각했는데, 넥타이를 사야 했기 때문이라고 한다. 마이크로소프트의 운영체제를 탑재한 IBM의 새 PC는 엄청나게 팔려나갔다.

그런데 스물네 살의 승부사 빌은 대단한 흥정에도 성공했다! IBM을 위해 만든 운영체제 MS-DOS를 다른 회사에도 팔 수 있게 협상한 것이다. 이는 지금 기준으로 생각해도 파격적인 조건이었다. 곧이어 모든 컴퓨터 회사들이 마이크로소프트의 소프트웨어를 사용하게 되었다. 1987년 서른두 살의 빌 게이츠는 미국에서 가장 어린 억만장자가 되었다.

마이크로소프트사는 오늘날에도 여전히 최강자다. MS-DOS,

지금 세상을 바꾸고 있는 10대

네이트 스태포드
Nate Stafford

장거리 도보 여행을 좋아하는 소년 네이트는 해마다 2억 명 이상이 말라리아에 걸린다는 사실을 알게 되었다. 2010년 그는 160여 킬로미터를 여행하며 기금을 모아서, 모기장 1,000개를 아프리카로 보내겠다고 결심했다. 모기장이 말라리아를 옮기는 모기를 막아주기 때문이다. 네이트의 도보 여행 모금은 대성공을 거두었다. 몇 개의 지방 신문과 방송국이 네이트의 이야기를 소개해주었기 때문이다. 그는 홈페이지(nothingbutnets.net)를 운영하며 모기장 기부 활동을 이어가고 있다.

윈도우즈, 인터넷 익스플로러, 마이크로소프트 오피스 등을 생각해보면 된다. 2008년 빌은 현업에서 절반쯤 발을 뺐다. 빌과 그의 아내가 설립한 자선단체인 '빌과 멜린다 게이츠 재단'의 활동에 좀 더 집중하기 위해서였다. 빌 부부의 말이다.

> 세상의 장벽을 없애는 혁신적인 아이디어, 개발도상국 농민들이 더 많은 식량을 생산하고 더 많은 돈을 벌게 해줄 새로운 기술, 치명적인 질병을 예방하는 새로운 수단, 학생과 교사를 지원하는 새로운 방법 등에 자금을 지원해야 합니다. 정부나 기업이 감당할 수 없는 유망한 해결책에 자금을 투입하는 것이 자선활동의 진정한 목적이니까요.

Boys Who Rocked the World 35

지구와 열대우림을 지킨 소년

★ 치코 멘데스 ★

CHICO MENDES

1944~1988년 | 사회운동가, 환경운동가 | 브라질

★

어마어마한 굉음이 땅을 흔들었다. 큰 나무가 쓰러지는 소리였다. 치코는 자신을 따르는 50명의 일행에게 소리쳤다.

"여러분, 두려워하지 마세요! 다 잘될 겁니다. 떨어지는 나뭇가지를 조심하세요."

일행이 무성한 열대우림을 뚫고 나아가자 전기톱이 윙윙대는 소리는 더 커졌다. 치코를 따르는 사람들은 대부분 고무 채취꾼이었다. 그들은 삶의 터전을 빼앗겼고 지금 그 땅이 파괴되고 있었다.

나무를 베는 현장 가까이에 가자, 전기톱 소리에 귀가 먹먹해졌다. 황량한 땅 위에 검게 그을린 나무 그루터기들이 보이기 시작했다. 마치 검은색 묘비가 늘어선 공동묘지 같았다. 총을 든 사람들도 보였다. 나무 베는 일에 방해가 되면 총을 쏴서라도 막으라는 명령이 내려져 있었던 것이다.

치코 일행은 파괴의 현장을 향해 계속 나아갔다. 그들이 바라는 것이 있다면, 남들 눈에 자신들이 좀 더 용감하게 보였으면 하는 것뿐이었다. 그들은 서로 몸을 밀착시켰고 여인들은 아이를 잡은 손에 힘을 주었다.

끊이지 않는 굉음을 뚫고 행진하던 일행 중 한 사람이 소리쳤다.

"제발 벌목을 멈춰요!"

총을 든 경비원과 벌목꾼들이 놀라 그들을 바라봤다. '도대체 여자와 아이들이 여기에 왜 온 거야?'라는 표정이었다. 경비원은 일행에게 총을 겨누며 당장 꺼지라고 명령했다. 팽팽한 긴장과 불안 속에서 몇 분이 흘렀다. 치코 일행은 꼼짝하지 않고 그 자리를 지켰다. 그러자 경비원이 슬그머니 총을 내렸다. 차마 여인과 아이들을 향해 총을 쏠 수는 없었다. 벌목꾼들도 거대한 전기톱의 전원을 끄고 밀림 속으로 사라졌다. 벌목은 끝났다.

치코 멘데스는 '엠파테스mpates'라 불리는 평화적 저항 운동을 이끌었다. 그는 브라질 밀림에서 살아가는 사람들에게 자신의 땅과 생활방식을 지키기 위해 일어나 싸우도록 격려했고, 자신의 뒤를 따르는 환경주의자들을 위해 용감하게 길을 개척했다.

치코는 지구상에 남은 가장 넓은 열대우림 지역에서 성장했다. 그 지역의 면적(4,850,000㎢)은 세계에서 일곱 번째로 넓은 나라인 인도보다 넓다. 열대우림 지역이란 비가 많이 내리는 곳이란 뜻으로, 우기는 물론 건기일 때도 매일 비가 내린다. 그래서 지구상 다른 어떤 곳보다 많은 종의 동식물이 서식하고 있다.

열대우림에 사는 헤아릴 수 없이 많은 나무들이 이산화탄소(자동차를 비롯해 인간이 만든 여러 가지 기기가 방출한다)를 흡수하고 산소를 내놓는다. 열대우림의 나무들 덕분에 지구가 건강하게 유지되는 셈이다. 치코가 왜 그렇게 이 지역을 지키기 위해 애쓰는지 이해가 될 것이다.

치코는 1944년 브라질 북부에서 태어났다. 어린 시절 그는 빌딩만큼 높은 나무들 아래에서 뛰어놀고, 자기 머리보다 큰 나비를 쫓으며 시간을 보냈다. 치코의 부모님은 고무 채취를 생업으로 했는데, 밀림에서의 생활은 몹시도 고달팠다. 해 뜨기 전에 일어나 저녁 늦게까지 일해야 했기 때문이다.

아홉 살이 되자 치코도 고무 채취하는 일을 시작했다. 하루에 꼬박 30킬로미터씩 걸었고, 200그루의 나무에서 수액을 받았다. 고무나무 줄기에 조심스럽게 V자 모양의 금을 내서, 하얀 수액이 밑에 놓인 양철통 안으로 흘러내리게 하는 일이다. 긴 시간 밀림을 걷는 동안, 치코는 열대우림에 감사하게 되었고, 세상의 모든 생명체는 살아 있는 이유가 있다는 것을 이해하게 되었다. 동물, 나무, 곤충들까지 모든 생명은 연결되어 있다.

고무 농장의 주인은 '고무 귀족'이라 불리는 부유한 사람들이었다. 농장에서 일하는 노동자 대부분은 아마존 원주민이었고, 돈을 많이 벌 수 있다는 꼬임에 넘어가 고무 채취자가 된 사람도 있었다. 하지만 약속처럼 돈을 벌지는 못했다. 농장 주인들은 노동자들에게 쥐꼬리만큼의 봉급을 주고 식품과 주거비는 많이 받았기에,

노동자들은 빚에서 헤어날 수 없었다. 오래 일할수록 빚이 늘어나서 노동자들은 고무 농장에서 벗어날 수 없었고 점점 노예처럼 되어 갔다.

설령 고무 농장을 떠날 수 있다 해도 대부분은 갈 곳이 없었다. 그들은 글을 읽을 줄 몰랐고 별다른 기술도 없었다. 고무 귀족들은 노동자들이 글을 배우는 것을 싫어했다. 교육을 받게 되면 자신들이 어떤 식으로 속고 있는지 알아차릴 것이기 때문이다. 하지만 치코의 아버지는 글을 조금 읽을 줄 알았다. 그는 매일 밤 피곤한 몸을 이끌고 아들에게 글을 가르쳤다.

치코가 열두 살이 되었을 무렵, '타보라'라는 이름의 브라질 기자가 치코네 집을 방문했다. 그는 소년 치코가 글을 읽을 줄 안다는 사실에 감동해, 자신이 직접 가르쳐보겠다고 제안했다. 치코는 주말마다 책이 가득한 타보라 기자의 집에서 시간을 보낼 수 있었다.

스무 살이 되자, 치코는 쉬는 시간을 이용해 다른 노동자에게 글을 가르치기 시작했다. 그는 고무 귀족들의 비리와 부패에 대해 알고 있었고, 노동자들이 고무 귀족에게 대항하기 위해서는 교육을 받아야 한다고 믿었다. 5년 후 그는 고무 채취하는 일을 그만두었다. 그 대신 교육에 전념하면서 노동자들의 저항 단체를 조직했다.

1970년대 인공 고무가 개발되자, 브라질의 천연고무 인기는 추락했다. 고무 귀족들은 목축에 눈을 돌렸다. 그들은 소를 기르기 위한 풀밭을 확보하기 위해 수십만에서 수백만 헥타르(1헥타르는 10,000㎡-역주)의 숲에서 나무를 베고 태워 버렸다. 미국 캘리포니아주(우리나라 면적의 4배가 조금 넘는다-역주)만큼의 숲이 불에 타 사라졌고, 그 지역에 살던 사람들은 집을 잃고 떠나야 했다.

치코는 행동해야 할 때라고 생각했다. 그는 '고무 채취자 국민회의'를 만들어, 비폭력 시위를 이끌었다. 치코는 브라질 정부에 맞서 여러 해 동안 투쟁하면서, 아마존 열대우림을 보호하고 고무 채취자들이 그곳에서 살 수 있도록 노력했다.

하지만 브라질 정부는 목장주 편이었다. 그들은 땅과 노동자를 보호할 생각이 전혀 없었다. 1987년 치코는 열대우림 파괴를 우려하는 환경주의자들의 초청으로 미국을 방문했다. 그는 고무 채취자들이 환경에 해를 끼치지 않는 방식으로 살고 있다고 설명하고, 브라질 정부가 더 이상 땅을 파괴하지 않도록 설득해 달라고 부탁했다.

그때까지 우리나라 면적의 8배가 넘는 지역이 파괴되었다. 그 많은 땅을 모두 태워 버림으로써 심각한 문제가 발생했다. 불태울 때 이산화탄소가 과도하게 배출되면서 지구의 온도가 전체적으로 올라갔고, 지구 행성의 생태계가 교란된 것이다. 이것이 바로 온실 효과다.

치코는 두 개의 상을 받았다. 하나는 '유엔 환경 프로그램'으로부터, 다른 하나는 '더 나은 세계 협회'로부터 받은 것이다. 치코가 미국에서 회의를 끝내고 브라질로 돌아왔을 때, 목장주들은 매우 화가 난 상태였다. 자신들의 행동이 전 세계에 까발려졌기 때문이다. 목장주들이 분노할수록 치코는 더 열심히 노력해야겠다고 다짐했다. 그는 더 많은 평화적 저항 운동을 이끌었고, 1988년 한 해에만 8,000헥타르가 넘는 땅이 불태워지는 것을 막았다. 치코의 노력 덕분에 열대우림을 보호해야 한다는 쪽으로 분위기가 반전되기 시작했다.

그러나 1988년 12월 22일, 치코는 한 무리의 목장주들로부터 총격을 받고 목숨을 잃었다. 누가 치코를 살해했는지 모두가 알고 있었지만, 사람들은 두려움에 입을 닫았다. 치코의 죽음은 전 세계 뉴스의 첫머리에 올랐고, 많은 사람이 목장주들의 환경 파괴 행위에 주목하게 되었다.

1989년 미국 상원 의원 몇 명이 브라질로 날아가 환경을 지켜야 한다고 목소리를 높였다. 언론까지 합세해 압력을 가하자 브라질 정부는 숲이 파괴된 100만 헥타르의 땅에 나무를 심겠다는 계획을 발표했다. 또한 치코가 지키고자 했던 지역에서 벌목을 중단하고, 자연을 보전하기 위한 조치를 취하기로 했다.

브라질 최초로 지정된 97만 헥타르의 보호지역에는 '치코 멘데스 보전지구'라는 이름이 붙었다. 1992년 전 세계 지도자들이 '유엔환경회의'에 참석하기 위해 브라질에 모였다. 안타깝게도 치코는 그 자리에 참석할 수 없었다. 하지만 사람들은 치코를 열대우림 보호에 있어 가장 위대한 챔피언으로 기억했다. 그는 평생 그가 사랑했던 땅을 지키기 위해 노력했다. 그리고 지금도 빠른 속도로 사라져 가고 있는 열대우림을 구하기 위해 무슨 일이라도 하라고, 우리에게 용기를 주고 있다.

Boys Who Rocked the World 36

핍박과 속박을 넘어 평화의 사절로

★ 달라이 라마 ★

DALAI LAMA

1935년~ | 종교 지도자 | 티베트, 인도

★

진흙으로 지어진 오두막을 희미한 등불 하나가 밝히고 있었다. 이토록 허름한 곳에 자신들이 찾는 사람이 있다는 사실이 믿어지지 않았지만, 한 무리의 상인들은 혹시나 하는 마음에 수십 가지 물건을 조심스럽게 펼쳐놓았다. 상인들은 앞에 앉아 있는 어린 소년에게 말했다.

"이 중에서 네 것을 찾거라."

"이거, 그리고 이거."

소년이 확신에 찬 목소리와 함께 물건을 집어 들자 상인들은 깜짝 놀랐다. 그들은 안도의 한숨을 쉬며 이렇게 외쳤다.

"예언은 옳았다. 우리가 달라이 라마를 찾았다!"

오두막을 찾은 사람들은 상인이 아니라, 신성한 도시 라싸에서 온 고위 성직자들이었다. 그들은 상인으로 변장하고 오랫동안 헤맨 끝에 티베트의 차기 성왕을 찾아낸 것이다.

중국과 인도 사이, 히말라야산맥 높은 곳에 위치한 나라, 티베트는 불교 국가다. 불교는 사람이 죽은 후에 다른 몸으로 다시 태어난다고 믿는다. 그들은 제13대 달라이 라마가 세상을 떠나자 그의 환생을 찾기 위해 온 나라를 샅샅이 뒤졌다. 그러던 중 1935년 티베트 동북부의 작은 마을에서 미래의 달라이 라마인 '라모 돈둡'이 태어났다.

라모 돈둡은 티베트의 여느 소년처럼 평범하게 키워졌지만 특이한 구석이 있었다. 한 번도 가 보지 않은 라싸가 자기 고향이라고 말하고, 식사를 할 때는 아버지가 아니라 자신이 상석에 앉아야 한다고 주장한 것이다.

선대 달라이 라마가 남긴 물건으로 소년을 시험한 성직자들은 소년을 라싸로 데려왔고, 소년은 그때부터 포탈라궁에서 생활하게 되었다. 어린 라모는 더 이상 가족과 함께 살지 못하며 궁전 안에 또래 아이들이 없다는 사실에 낙담했다. 늘 외로웠던 소년은 궁전 안에 사는 쥐를 반려동물 삼아 키우기까지 했다고 한다.

열다섯 살이 되는 해에 중국이 티베트를 침공했다. 당시 나라를 통치하기 위한 훈련을 받고 있던 10대 소년 라마는 예정보다 2년 빨리 나라를 다스릴 책임을 떠맡게 되었다(당시 티베트는 정교일치, 즉 종교 지도자가 정치 지도자를 겸했다-역주). 그는 다른 나라들의 도움을 기대했지만, 작은 나라 티베트를 돕기 위해 초강대국인 중국의 심기를 거스르려는 나라는 없었다. 달라이 라마는 혼자 힘으로 중국과 맞서야 했다.

그는 조국을 이끌기 위해 전력을 다했지만, 중국에 점령된 티베트 국민의 생활은 하루가 다르게 악화되었다. 불교 사원은 파괴되었고 승려들은 감옥에 갇혔다. 농민들은 노동수용소로 보내졌고 그들의 토지는 티베트로 이주한 중국인에게 돌아갔다.

1959년 티베트 국민은 중국에 대항해 봉기했다. 하지만 중국의 거대한 군사력에 상대가 되지 않았다. 봉기가 실패한 후, 티베트 국민들은 중국이 달라이 라마를 해칠까 봐 두려움에 떨었다. 티베트 국민은 포탈라궁을 둘러싸는 인간 방패를 만들어 중국 군대와 대치했고, 중국이 총격을 시작한 후에도 아무도 자리를 떠나지 않았다. 달라이 라마는 가만히 앉아 국민들이 죽어가는 꼴을 볼 수 없었다.

그는 007 영화 같은 탈출 계획을 세웠다. 그의 유일한 희망은 외부 세계로부터 도움을 받는 것이었다. 하지만 궁은 포위되어 있고 도처에 중국 군인이 지키고 있다. 가장 가까운 외국이라고 해도 몇 주 동안 얼어붙은 히말라야 산맥을 통과해야 갈 수 있었다.

달라이 라마는 어둠을 틈타 궁궐 호위병으로 변장하고 몰래 궁을 빠져나왔다. 기적처럼, 안경을 쓰지 않은 성스러운 지도자를 아무도 알아보지 못했다. 이제 말을 타고 적국의 영토를 통과하는 보름간의 끔찍한 여정이 시작되었다. 힘겨운 여정, 부족한 잠, 조악한 음식으로 일행 대부분이 심각한 병에 걸렸고, 달라이 라마는 걸을 힘도 없어 야크 등에 몸을 묶고 이동해야 했다.

마침내 일행은 국경을 넘어 인도에 들어갔다. 생명을 건 모험은 일단 끝났지만, 진짜 일은 이제 시작임을 달라이 라마도 알고 있었다. 그는 인도 히말라야 지역의 고원 지대인 다람살라에 티베트인의 공동체를 건설했다. 1963년 달라이 라마는 티베트 정부를 새로 만들고 최초의 민주 헌법도 제정했다.

달라이 라마가 탈출한 지 50년 이상이 흘렀지만, 아직도 티베트는 중국의 지배 아래 있다. 현재 티베트 안에는 원주민 수보다 중국 이주민들이 더 많고, 티베트의 전래 종교와 전통은 말살되었다. 지난 50년간 달라이 라마는 전 세계를 여행하며 중국의 부당한 처사에 항의했다. 세계가 그의 메시지에 반응을 보이기 시작했고, 세계의 정치 지도자와 할리우드의 유명인, 명성 있는 신문과 방송들이 티베트를 지지하는 발언을 하고, 중국 정부에 대해 강압 정책을 바꾸라고 목소리를 내고 있다. 1989년 달라이 라마는 이런 노력으로 노벨평화상을 수상했다.

아직도 티베트 독립은 먼일이지만, 달라이 라마가 티베트 국민의 구심점이란 사실엔 변함이 없다. 인도에 세운 티베트공동체는 번성하고 있고, 중국의 온갖 방해에도 전 세계가 티베트의 고통에 주목하고 있다.

달라이 라마는 전쟁과 증오로 가득한 세상이지만 우리가 의지만 갖고 있다면 갈등을 평화롭게 해결할 수 있음을 되새기게 한다. 궁전 안에서 외롭게 성장했던 소년은 이제 전 세계를 여행하며 평화의 메시지를 전하고 있다. 그의 말이다.

오늘날 우리가 맞닥뜨린 문제, 즉 폭력을 수반한 갈등, 자연 파괴, 빈곤, 기아 등은 대부분 인간이 만든 것입니다. 그 문제들은 해결 가능하지만 오직 인간의 노력, 이해, 형제애를 통해서만 해결할 수 있습니다.

Boys Who Rocked the World 37

별과 바람을 길잡이로 태평양을 항해하다

★ 마우 피아이루그 ★

MAU PIAILUG

1932~2010년 | 탐험가 | 미크로네시아

★

마우는 지금 '팔루Palu'가 되는 의식을 치르는 중이다. 팔루란 오직 자연에만 의지해 바닷길을 항해하는 전통 항해사를 말한다. 남태평양에 있는 작은 섬에서 팔루는 추장보다 존경받는 존재였다. 수백 명의 주민들이 마우에게 꽃다발을 걸어 주고 함께 물고기, 거북알, 빵나무 열매로 잔치를 벌였다. 마우는 자신이 영웅이라도 된 기분이었다.

마우는 1932년 미크로네시아 군도의 사타왈섬에서 태어났다. 원래 이름은 '피우스 피아이루그'였지만, 배를 모는 독특한 버릇 때문에 '마우'라는 별명을 얻게 되었다. '마우마우Maumau'는 '강하다'란 뜻이었고, 마우는 누가 봐도 강한 뱃사람이었다.

마우의 할아버지는 그가 아주 어렸을 때부터 바다에 데리고 다녔다. 마우를 '팔루'로 키우려고 작정한 것이다. 할아버지는 어린 손자를 바닷물이 드나드는 바위 웅덩이에 데려가 깜짝 놀라게 하기도 했다. 마우가 좀 더 자라자 할아버지는 마우를 커다란 카누에 태우고 깊은 바다로 나가기 시작했다.

심한 뱃멀미를 할 때면, 마우는 할아버지가 정해준 운명을 의심하기도 했다. 속이 뒤집히고 목이 타는 것 같았고, 배가 뒤집힐까 봐 필사적으로 난간을 움켜쥐어야 했다. 그런데 할아버지는 뱃멀미를 이기는 묘책을 알고 있었다. 할아버지는 어린 마우를 카누 뒤에 묶고 항해를 시작했다. 바닷물이 마우의 얼굴을 사정없이 때렸고 마우는 멀미를 생각할 겨를이 없었다. 믿거나 말거나 할아버지의 처방은 효과가 있었다! 이후 마우는 뱃멀미를 하지 않게 되었다.

다음 단계는 별자리 외우기였다. 할아버지는 해변 모래밭에 산호 자갈을 늘어놓아 별자리 모양을 만들었다. 마우는 매일 밤 별들이 어떻게 동쪽 하늘에서 서쪽 하늘로 움직이는지, 1년 동안 별들의 위치가 어떻게 바뀌는지를 배웠다. 또한 근처에 육지가 있을 때 파도가 변하는 방식과 그때 볼 수 있는 새들, 그리고 배가 섬에 가까워졌음을 알려주는 새들의 행동에 대해서도 배웠다.

할아버지가 가르쳐 주신 그런 세세한 것에 주의를 기울이면, 결코 바다에서 길을 잃지 않았고 아무리 작은 섬이라도 찾아갈 수 있었다.

마우가 열세 살 때 할아버지가 돌아가시자 그 후 5년 동안은 아버지로부터 항해술을 배웠다. 마우가 열여덟 살이 되자, 섬 주민들은 그에게 '팔루'의 영예를 안겨 주었다. 마우는 앞으로 자신이 해야 할 일과 할아버지와 아버지가 가르쳐준 모든 것이 너무나 자랑스러웠다.

사타왈섬은 길이 1.6킬로미터, 폭 800미터인 아주 작은 섬이었고, 거기서 가장 가까운 섬도 220킬로미터나 떨어져 있었다. 식량과 의복을 비롯한 생필품은 모두 배로 운반해야 했다. 지금은 배가 한 달에 한 번 오지만, 마우가 어렸을 때는 석 달에 한 번씩 왔다.

사타왈섬의 주민들은 깊은 바다에 사는 물고기를 잡는 법을 배워야 했다. 식량을 싣고 오기로 한 배가 예정보다 많이 늦어질 때도 있었기 때문이다. 마우는 할아버지와 아버지로부터 배운 항해술 덕분에 급하게 필요한 것이 생기면 다른 섬까지 배를 몰고 갈 수 있었다. 그는 나침반이나 지도를 전혀 사용하지 않고도 늘 목적지에 정확히 도착했다.

1973년 마우는 미국 하와이를 방문했다. '폴리네시아 항해협회'가 주최한 회의에 참석하기 위해서였다. 회의에 참석한 사람들이 궁금해한 것은 '고대의 뱃사람들이 현대의 선박만큼 먼 거리를 항해할 수 있었을까?'였다. 그들은 특히 하와이와 타히티, 두 섬 사이의 뱃길 3,200여 킬로미터를 항해할 수 있는지를 매우 궁금해했다. 용감하고 총명한 남자들이 한 달 넘게 걸리는 먼 거리까지 항해했다는 이야기가 전설처럼 전해 내려오고 있기 때문이다.

현대의 선원들은 나침반을 쓰지 않고 그렇게 먼 거리를 항해하는 것은 불가능하다고 주장했다. 항해사가 항로를 조금만 벗어나도 목표로 하는 섬을 완전히 잃어버린다는 것이다.

누구 말이 맞는지 가릴 방법은 하나뿐이었다. 실제로 해보는 것! 그제야 마우는 왜 자신을 회의에 초청했는지 알아차렸다. 폴리네시아 항해협회는 이미 배를 준비해 놓았다. 하와이 전통 양식으로 만들어진 카누였다. 배는 준비했지만 나침반이나 지도 없이 항해할 사람을 구할 수 없었던 것이다. 이 모험에 참여할 사람은 마우가 유일했다. 하와이 출신의 팔루들은 이미 세상을 떠났거나 노쇠했으며, 그들은 자신들의 자리를 대신할 젊은 항해사를 키우지 못했다.

1976년 봄, 마우와 15명의 선원이 카누를 타고 하와이를 떠나 타히티섬을 향해 출발했다. 마우는 밤하늘에서 목적지로 이끌어줄 별의 위치를 찾아냈다. 그는 바람의 방향과 구름이 비친 바닷물의 색깔에 주의를 기울였다. 아주 사소한 것 하나하나가 소중한 단서였다. 한 달 후 마우는 머리 위에서 한 무리의 흰 제비갈매기를 발견했다. 지금 그들은 타히티섬 옆에 있는 섬에 접근하고 있었다.

하와이에서 출항한 지 32일째, 타히티섬이 시야에 들어왔다. 그런데 카누에 탄 선원들은 뜻밖의 광경을 목격했다. 천 명이 넘는 사람들이 항구에 모여 자신들에게 환호를 보내고 있었다! 항해는 성공했다. 원주민들은 선조들이 했던 일을 현대에 재현했다는 사실에 기뻐했고, 전통 항해술에 대한 관심이 급증했다.

당시 40대였던 마우는 이제야말로 할아버지가 가르쳐 주신 기술을 젊은이들에게 전수해야 될 때임을 알았다. 마우가 속한 부족의 전통에 따르면 팔루의 비밀을 외부 사람들과 공유하는 것은 금지되어 있었다. 하지만 마우는 그 같은 원칙은 시대에 뒤떨어진 것이라 생각했다. 사타왈섬의 소년들도 더이상 고대의 항해술에 관심을 갖지 않았기 때문이다.

이후 30년이 넘는 시간 동안 마우는 제자들을 가르치는 한편, 몇 번의 항해를 더 이끌었다. 2000년 스미스소니언협회와 미국 국립자연사박물관은 고대 기술에 관한 지식과 관심을 전파하는 데 힘쓴 마우의 역할을 기리며 상을 수여했다.

마우는 2010년 세상을 떠났다. 전 세계 사람들이 이 믿기 힘들 정도로 위대한 남자의 죽음을 슬퍼했다. 미크로네시아 전통에 따라, 마우의 가족은 위대한 팔루의 죽음을 기리기 위해 9일 동안 섬 주변의 바다를 봉쇄했다.

Boys Who Rocked the World 38

부족의 추장을 버리고 세상의 영웅으로

★ 넬슨 만델라 ★

NELSON MANDELA

1918~2013년 | 인권운동가 | 남아프리카공화국

★

"오늘 우리의 아들들이 진정한 남자가 되는 것을 축하하기 위해 여기 모였습니다."

추장의 연설이 시작되자 사람들이 조용해졌다.

성인식에 참석한 10대 소년들은 머리부터 발끝까지 순결을 상징하는 흰색 흙을 칠하고 있었다. 소년들은 오늘 성인식을 치르기 위해 몇 주 동안 가족을 떠나 초원의 오두막에서 살았다. 성인 남자로 돌아온 그들을 축하하기 위해 마을 사람들이 모였다. 소년 중의 하나인 '롤리랄라'는 오늘 받을 선물이 무엇인지 궁금해 몸이 근질거렸다.

'양일까? 아니면 암소일지도 몰라.' 상상의 나래를 펴던 롤리랄라는 추장의 격앙된 목소리에 황급히 제정신으로 돌아왔다.

"우리는 이들에게 남자다움을 약속하지만, 그것은 우리가 지킬 수 있는 약속이 아닙니다. 우리 쇼사스족, 그리고 남아프리카의 흑인들은 정복당한 민족이기 때문입니다."

추장은 청중을 바라보며 슬픈 목소리로 말을 맺었다.

"우리가 이들에게 줄 선물은 없습니다. 최고의 선물인 자유와 독립을 줄 능력이 없기 때문입니다."

롤리랄라는 소년 시절의 소지품을 넣어 둔 오두막을 태우는 의식을 진행하면서 추장의 말을 되새겼다. 삼촌과 어머니, 그리고 마을 사람들 모두는 자신이 추장이 될 거라고 믿었다. 하지만 롤리랄라는 추장이 되는 것보다 더 중요한 일이 있다는 생각이 들었다. 백인과 평등한 권리를 얻기 위해 싸워야 했던 것이다. 그날 롤리랄라는 추장이 되라는 가족의 바람을 뒤로 하고 마을을 떠나기로 결심했다. 오두막을 삼키는 불길을 지켜보며 롤리랄라는 몸을 떨었다. 마음속에서 일어나는 미래에 대한 두려움 때문이었다.

수백 년 전 남아프리카에 상륙한 백인들은 흑인 원주민들의 땅을 빼앗고 정부를 무력화했다. 남아프리카공화국에 사는 흑인은 백인의 다섯 배나 됐지만, 흑인들이 소유한 토지는 전체 국토의 13%에 불과했다. 그것도 대부분 황무지에 가까운 땅이었다. 흑인들의 권리를 지키기 위해 평생을 헌신한 롤리랄라는 이후 '넬슨 만델라'로 알려지게 된다.

넬슨의 아버지는 쇼사족의 한 갈래인 템부족의 추장이었다. 태어나자마자 넬슨에게는 '말썽꾸러기'란 뜻의 '롤리랄라'란 이름이 붙여졌다. 이름 그대로 그는 엄청난 개구쟁이여서, 하루 종일 얼마나 많은 말썽을 피우는지 셀 수 없을 정도였다. 롤리랄라가 학교에 들어갔을 때, 백인 교사는 그의 이름이 발음하기 어렵다면서 자기 마음대로 이름을 바꿔 불렀다.

"지금부터 너를 넬슨이라고 부를 거야."

그때부터 그의 이름은 넬슨이 되었다. 넬슨의 아버지는 그가 아홉 살 때 세상을 떠났다. 넬슨의 어머니는 아버지 없이 넬슨을 교육시키기 어렵다고 생각해서, 넬슨을 템부족의 대추장인 '종긴타바'에게 보냈다. 넬슨은 집을 떠나는 것이 슬펐지만, 금세 종긴타바 가족의 일원이 되어 왕가의 아들 같은 대접을 받았다.

종긴타바가 부족 간의 다툼을 조정하는 것을 지켜보며, 넬슨의 마음속에 '정의'에 대한 믿음이 싹텄다. 모든 것을 독단적으로 처리하는 백인 정부와 달리, 템부족의 추장들은 부족민의 말을 경청했고, 모두가 동의할 때만 결정을 내렸다. 넬슨은 남아프리카에 사는 사람 모두가 정의롭게 사는 세상을 꿈꾸었다. 그래서 넬슨은 추장이 아닌, 변호사가 되기로 결심했다.

성인식이 끝난 후 넬슨은 고향 마을을 떠나 흑인들만 다니는 대학에 입학했다. 하지만 백인들이 운영하는 학교 측과 갈등을 빚어 학교에서 쫓겨나고 말았다. 퇴학당했다고 하면 종긴타바가 불같이 화낼 것이 뻔했기에, 넬슨은 대도시 요하네스버그로 도망쳤다.

요하네스버그엔 다이아몬드 광산이 있어서 많은 흑인들이 일자리를 찾아 몰려들었다. 당시 흑인들은 백인 가까이에서 사는 것이 금지되어서, 도시 외곽지역에 살았다. 흑인들은 비좁은 양철지붕 판잣집에 여러 명이 모여 살았다. 바닥에는 흙먼지가 일었고, 상하수도는 물론 난방장치도 없었으며, 당연히 전기도 들어오지 않았다.

넬슨은 그런 가난을 초래한 인종차별주의에 분노했다. 그런데 자신과 같은 생각을 가지고 저항하는 흑인들이 있었다! 그들은 '아프리카국민회의ANC'를 결성해 인간으로서의 권리와 평등을 요구했다. 넬슨은 ANC에 가입했고 얼마 지나지 않아 ANC의 지도자가 되었다.

그리고 얼마 후인 1948년, 백인 정부는 '아파르트헤이트'라 불리는 인종차별 정책을 공식적인 법으로 만들었다. 버스, 식당, 해변 등 모든 곳에 흑인의 출입이나 사용을 금하는 '백인 전용' 표지가 걸렸다. 흑인은 언제나 신분증을 소지해야 했는데, 신분증에는 주소, 직업, 학교 등의 정보가 적혀 있었다.

흑인은 흑인 이외의 인종과 결혼하는 것이 금지되었다. 이런 법을 지키지 않으면 곧바로 감옥으로 끌려갔다. 넬슨은 백인 소유의 회사에서 만든 제품의 불매 운동, 대규모 파업 등의 저항 운동을 계획했고, 수천 명의 흑인이 동참했다. 그들은 노동, 버스 운행, 학교 출석 등을 거부하는 평화적 저항 운동을 계속해나갔다.

그러면서도 넬슨은 법학 학위를 받기 위해 열심히 공부했다. 1952년 넬슨은 친구 '올리버 탐보'와 함께 '만델라와 탐보' 법률사무소를 개업했고 사람들이 몰려들기 시작했다. 넬슨은 법률사무소의 아침 풍경을 이렇게 묘사했다.

우리는 복도, 계단 위, 작은 응접실을 가득 메우고 있는 사람들을 헤치고 다녔다. 흑인들에게는 법률적 도움이 절실하게 필요했다. 그들에겐 별것이 다 범죄였기 때문이다. 백인 전용 장소에 들어간 죄, 백인 전용 버스에 탄 죄, 실업 상태에 있는 죄, 잘못된 직장에 고용된 죄, 특정 장소에 거주하는 죄, 거주지가 없다는 죄…, 모든 것이 범죄였다.

1960년 흑인들의 평화적 항의 집회에, 백인 경찰이 총을 쏘는 일이 벌어졌다. 무고한 흑인 69명이 사망했다. 일명 '샤프빌의 학살' 사건이다. 목숨을 잃은 사람들 대부분은 도망치다가 등에 총을 맞았다. 끔찍한 폭력에 전 세계가 몸서리를 쳤지만, 정부는 오히려 흑인에 대한 탄압을 강화했다.

이제 흑인들은 해가 진 후엔 거리에 나갈 수 없고, 공공 집회를 여는 것은 아예 불가능했다. ANC는 불법단체가 되었다. 학살 사건 이후 넬슨은 방법을 바꿔야 한다고 생각했다. ANC 지도자로서 넬슨은 '아파르트헤이트'의 상징인 정부 청사, 철도, 공장 등에 대한 공격을 명령했다. 물론 사람들에게는 폭력을 행사하지 않았다. 폭탄이 터지기 시작했고, 경찰은 그 배후에 누가 있는지 금세 알아냈다. 1963년 넬슨을 비롯한 ANC 지도자들은 체포되어 재판에 회부되었다.

전 세계 사람들이 ANC 지도자들에게 사형이 내려질 것이라 예상했다. 하지만 넬슨은 두려워하지 않았다. 그는 법정에서 이렇게 말했다.

> 나는 평생 아프리카의 민중 항쟁에 몸을 바쳤습니다. 나는 민주적이고 자유로운 사회라는 꿈을 이루기 위해 살고 있고, 필요하다면 그 꿈을 위해 죽을 준비도 되어 있습니다.

놀랍게도 넬슨과 동지들에게 종신형이 선고되었고, 그들은 '로벤 아일랜드' 감옥에 갇혔다. 그 감옥은 악명 높은 미국의 알카트라즈 감옥과 비교되곤 한다. 섬을 둘러싼 차가운 바닷물에는 상어가 우글거렸으므로 탈출은 불가능했다.

수감자들은 감옥에서 갖가지 노역을 했다. 돌을 부숴서 자갈을 만들거나 구덩이를 파는 일 등이다. 넬슨은 그들의 머리가 굳어지는 것을 막을 방법을 생각해냈다. 감옥에 도서관을 만들어 달라고 요청한 것이다. 수감자들은 자신이 알고 있는 역사, 정치, 철학, 경제학을 서로에게 가르쳤고, 많은 사람이 감옥에서 고등학교와 대학 과정을 마쳤다. 로벤 감옥은 '만델라 종합대학'이란 별명을 얻게 되었다.

그러는 중에 '넬슨 만델라'라는 이름이 전 세계로 퍼져나갔다. 아파르트헤이트의 참상에 세계인의 관심이 모아졌고, '넬슨 만델라를 석방하라'라는 제목의 노래가 엄청난 히트를 기록했다. 미국과 유럽에서는 남아프리카공화국과의 교역을 중단하라는 시위가 벌어졌다. 사람들은 남아프리카공화국에서 생산된 다이아몬드 불매 운동을 벌였고, 기업들은 철수했으며, 외국 은행들은 남아공 정부에 대한 자금 지원을 중단했다.

전 세계로부터 고립되어 경제가 엉망이 되자 드디어 남아프리카공화국 정부가 손을 들었다. 넬슨이 폭력 행위를 중단하겠다고 약속하면 석방하겠다고 제안한 것이다. 하지만 넬슨은 그 제안을 거부했다. 정부가 아파르트헤이트를 포기하지 않는 한, 감옥에서 나가지 않겠다고 선언한 것이다. 1989년 남아공의 새로운 대통령으로 당선된 '드 클라크'는 당선되자마자 넬슨과 비밀 협상을 시작했다.

1990년 2월 11일, 드 클라크는 아파르트헤이트를 폐지한다는 발표와 함께 넬슨 만델라를 석방했다! 수감된 지 무려 27년 6개월 만이었다. 1993년 넬슨 만델라와 드 클라크는 아파르트헤이트를 끝낸 공로를 인정받아 노벨평화상을 공동 수상했다. 그리고 1년 후, 남아공 최초로 흑인과 백인이 모두 투표에 참여한 민주 선거가 치러졌다. 평생 자유와 평등을 위해 투쟁해 온 넬슨이 남아프리카공화국의 대통령으로 당선되었다.

대통령이 된 넬슨은 백인에 대한 복수를 하지 않았다. 망가진 나라를 다시 세우기 위해서는 흑인과 백인이 손을 잡아야 한다고 믿었기 때문이다. 수백 년 동안 불평등이 지속되었기에 완벽한 평등이 이루어지기까지는 긴 시간이 걸릴 것이다. 하지만 이후의 변화들은 놀랍기만 하다.

이제 흑인들은 자신이 원하는 곳에서 살고, 원하는 일을 하고, 원하는 공부를 할 수 있다. '백인 전용' 표지판은 사라졌다. 넬슨 만델라는 이러한 변화를 위해 일생의 대부분을 희생했다.

2013년 넬슨 만델라는 '자유를 향한 긴 여정'을 마치고 눈을 감았다. 그러나 전 세계 억압받는 민중에게 넬슨 만델라는 꿈의 표상이자 항쟁의 상징이 되었다. 그는 마을의 추장이 되는 길을 버리고, 세상의 영웅이 되는 길을 선택했다.

지금 세상을 바꾸고 있는 10대

그레고리 R. 스미스

Gregory R. Smith

그레고리는 아홉 살에 고등학교를 졸업하고 10대 초반에 대학을 졸업했다. 그리고 열네 살 생일엔 버지니아대학에서 석사 과정을 시작했다. 그러나 그가 공부를 잘했다는 사실로 세상을 바꾸고 있는 것이 아니다. 그는 아동의 권리를 보호하기 위해, 방학 때마다 전 세계를 돌며 아동에게 교육이 얼마나 중요한지 연설했다. 그레고리는 브라질, 르완다, 케냐에서 아동을 위한 인도주의 운동에 앞장섰고, 네 번이나 노벨 평화상 후보에 올랐다.

Boys Who Rocked the World 39

두려움을 모르는 번개의 전사

★ 성난 말 ★

CRAZY HORSE

1841~1877년 | 전사 | 북아메리카

★

곱슬이는 방금 충격적인 장면을 목격했다. 평화 협상을 하고 있던 자신들의 추장을 미군이 등 뒤에서 총으로 쏘았던 것이다. 백인들은 아메리카 원주민인 수우Sioux족이 미개하다고 생각했다. 그들은 마치 들소를 사냥하듯 원주민들을 죽였고 원주민들에게 술을 팔아 그들을 병들게 했다. 더군다나 미국인들이 들어오면서 그들이 처음 접하게 된 전염병이 퍼져 죽어가는 사람들이 늘어 갔다. 곱슬이는 자신들이 숭배하는 위대한 신 '와칸 탕카'가 그의 백성을 지켜주길 바랐다.

열세 살 소년 곱슬이는 식량도 움막도 없이 대평원의 외진 곳에 누워 사흘 밤낮을 기도했다. 잠들지 않기 위해 그는 날카로운 돌 위에 몸을 뉘었다. 사흘째 곱슬이는 탈진했다. 굶주림과 날카로운 돌에 찢긴 상처가 그를 괴롭혔다. 하지만 그들의 신인 와칸 탕카는 아무런 응답이 없었다.

곱슬이는 아픈 몸을 일으켜 자신이 타고 온 조랑말을 찾았다. 그런데 갑자기 주위가 안개 낀 것처럼 뿌옇게 흐려지더니 위대한 전사가 나타났다. 그는 곱슬이의 말과 비슷한 점박이 말을 타고 있었다. 전사의 뒤로 포탄과 화살이 비 오듯 쏟아지고 전사의 얼굴을 스치듯 번개가 내리꽂혔다. 그리고 전사의 모습은 나타났을 때와 마찬가지로 대기 속으로 녹아들 듯 사라졌다.

당시 곱슬이는 깨닫지 못했지만, 그날 본 모습이 그의 일생을 완전히 바꿔놓았다. 그는 꿈에 그리던 기마 전사, 두려움을 모르는 수우족 최강의 전사가 될 운명이었다. 그는 이후 '성난 말(원주민 말로 타슈카 위트코-역주)'이라는 이름으로 세상에 알려지게 된다.

1841년 사우스다코타의 블랙힐에서 태어난 성난 말은 어릴 적 별명이 곱슬이였다. 어머니를 닮아 옅은 갈색의 곱슬머리를 타고났기 때문이다. 하지만 어머니는 그가 갓난아기였을 때 돌아가셨고, 주술사인 아버지와 함께 살았다.

그의 부족인 수우족은 한 장소에서 며칠 이상 머무는 법이 없었다. 들소 떼를 따라 이동했기 때문이다. 그들은 모두 뛰어난 기수였다. 말을 모는 기술이 뛰어나서 말을 타고 사냥하고 전투를 벌일 수 있을 뿐만 아니라 심지어 말에 탄 채로 잠도 잘 수 있었다.

열다섯 살이 된 곱슬이는 위대한 기수이자 사냥꾼이 되었다. 하지만 그의 운명이 무엇인지는 알 수 없었다. 곱슬이는 2년 전 대평원에서 보았던 환영을 아버지에게 말했다. 아버지는 언젠가 곱슬이가 위대한 전사가 될 것이라고 말해 주었다. 2년 후, 열일곱 살의 곱슬이는 전투에 참가할 모든 준비를 갖췄다. 그는 머리에 붉은

색 매의 깃털을 꽂고, 코에는 번개를 그려 넣어 환영에서 본 전사의 모습을 재현했다.

곱슬이는 첫 전투를 치렀다. 다른 부족과 땅의 권리를 두고 벌인 전투였다. 몇 시간의 싸움 끝에 수족이 밀리기 시작하자 말을 탄 곱슬이가 쏟아지는 총탄과 화살을 뚫고 앞으로 나아가 부족을 지휘했다. 곱슬이는 다리에 총상을 입었지만 혼자 힘으로 이 전투를 승리로 이끌었다.

곱슬이가 수우족의 진영으로 돌아오자 부족의 모든 백성이 그의 용기를 찬탄했다. 그의 아버지는 이런 연설을 했다. "오늘 나의 아들은 용맹을 보여주었습니다. 이를 기리기 위해 그에게 새로운 이름을 줄 것입니다. '성난 말'이라는 이름을!"

그 후 17년 동안 성난 말은 많은 전투를 치렀고 지는 법이 없었다. 위대한 수족의 지도자이자 군사 전략가로서 그의 명성은 멀리 퍼져나갔다.

1875년 미국 정부는 협상단을 보내 원주민 부족들의 추장을 만나려 했다. 미국 협상단은 추장들에게 부족들이 소유한 거의 모든 영토를 미국 정부에 넘기라고 요구했다. 추장들은 싸워보지도 않고 자신들의 땅을 빼앗길 수 없었다. 결국 영토 협상은 결렬되었고 남은 것은 전쟁뿐이었다.

수우족 중에도 전쟁을 원치 않는 사람들이 있었지만, 성난 말은 선택의 여지가 없다고 생각했다. 그는 비겁한 백인이 등 뒤에서 쏜

총에 맞아 죽은 추장의 죽음을 떠올렸다. 1876년 성난 말은 이웃 부족과 군대를 조직해 미국 군대와 맞서기로 한다.

초기 전투 중 유명한 것이 '커스터의 최후 저항'이라고 불리는 것이다. 커스터 장군 휘하의 미국 병사 220명이 전멸한 데 반해, 원주민 희생자는 40명에 불과했다. 지형지물의 세세한 부분까지 잘 알고 있는 자신들의 이점을 영리하고 기발한 전술과 연결한 것이다.

하지만 승리의 여운은 오래가지 않았다. 미국 군대에 비해 병사의 수가 너무 적었고 보급품과 무기조차 열악했던 수우족은 심각한 곤경에 처했다. 일부 전사들은 가족을 데리고 도망치기도 했지만, 전사들 대부분이 성난 말과 함께 전투를 이어갔다. 식량과 생필품 보급이 끊기자 추위와 굶주림에 쓰러지는 백성이 늘어났다. 성난 말은 어려운 선택을 했다. 항복하기로 한 것이다.

1877년, 성난 말은 그를 따르는 800명의 전사와 함께 항복하기 위해 로빈슨 요새로 들어갔다. 수우족 백성들이 큰 소리로 자신들의 지도자를 환영했다. 이 광경을 본 한 미국 병사는 이렇게 말했다고 한다.

"이건 마치 승리의 행진 같군."

비록 전투에서는 패했지만 수우족은 자신들의 땅과 생활방식을 지키려 애썼던 성난 말을 자랑스러워했다. 항복하는 자리에서 성난 말은 이렇게 말했다고 한다.

“나는 늘 침략자에 맞서 내 나라를 지켜 왔소. 이제 나는 평화를 원하오. 나는 더 이상 싸우지 않을 거요.”

대부분의 수우족 백성이 이 용감한 전사를 사랑했지만 그렇지 않은 사람도 있었던 것 같다. 그들은 성난 말이 클라크 장군을 살해하려 했다는 거짓 소문을 퍼뜨렸고, 미국 병사들이 성난 말을 체포하려고 왔다. 그는 자신을 포로 취급하는 미국 병사에 저항했고, 결국 그날 밤 36세의 나이로 세상을 떠났다. 죽음의 순간까지 그는 용감하게 싸웠고, 자신의 소명에 최선을 다했으며, 온 힘을 다해 백성을 지켰다.

성난 말이 죽은 지 61년이 지난 1948년, 미국 대통령 얼굴상이 있는 곳에서 27킬로미터 떨어진 러시모어산에 성난 말의 조각상을 만드는 작업이 시작됐다. 이곳이 원래 아메리카 원주민의 땅이라는 사실을 생각하면 의미가 깊다.

폴란드 출신의 조각가 코자크 지올코브스키는 높이 172미터, 길이 201미터의 조각상을 구상했다. 산 하나를 통째로 깎아야 하는 엄청난 작업이었다. 미국 정부가 아메리카 원주민을 탄압한 역사를 반성한다는 의미에서 제작비를 지원하겠다고 했지만, 코자크는 미국 정부에 대한 저항 정신을 기리는 작업에 정부 지원을 받는 것은 말도 안 된다며 거부했다. 이 프로젝트는 시민의 기부금 등으로 진행되고 있다.

그러던 중 1982년 코자크가 74세의 나이로 세상을 떠나자, 모두들 이 프로젝트가 중단될 것이라 예상했다. 하지만 그의 아내와 자녀, 손자와 증손자들까지 합세해 이 작업을 지속하고 있다. 1998년 6월, 착공 50년 만에 조각상의 얼굴 부분이 완성되었고 현재 그 아래 몸과 말 부분을 작업 중이다.

전체 조각상이 언제 완성될지는 아무도 모르지만, 자신의 부족과 땅을 지키기 위해 헌신했던 위대한 전사는 영원히 기억될 것이다.

Boys Who Rocked the World 40

뛰어난 리더십으로 사랑받은 소년 왕

★ 투탕카문 ★

TOUTANKHAMON

기원전 1347~1329년 | 파라오 | 이집트

열 살 소년 투트는 긴장한 표정이 역력했다. 그는 지금 이집트의 파라오에 등극하려는 참이다. 이제부터 아프리카와 아시아 대륙에 걸쳐 있는, 세상에서 가장 거대한 제국을 다스릴 책임을 맡아야 한다. '나도 선조들처럼 위대한 지도자가 될 수 있을까?' 선대 파라오들의 기념비와 조각상 사이로 걸어가는 투트의 머릿속엔 이 생각 하나뿐이었다. 신전에 모인 군중이 소년 왕을 향해 함성을 지르고 있었다.

사제들이 3개의 왕관을 소년에게 씌어주었다. '상 이집트'를 상징하는 푸른색 왕관, '하 이집트'를 상징하는 흰색 왕관, 그리고 이집트의 군사력을 상징하는 푸른색 왕관이다. 투트의 작은 머리에 3개의 왕관이 올라가는 것을 수천 명의 이집트인이 지켜보았다.

투트가 이집트를 다스린 기간은 채 10년이 안 되었지만, 역사에 남고 싶다는 소년의 꿈은 이루어졌다. 그는 역대 파라오 중 가장 유명한 인물이 되었다. 투트의 통치는 무너져가는 제국을 다시 한번 번영과 안정으로 이끌었다. 엄청난 양의 황금과 귀중한 세공품들이 가득한 투트의 무덤은 그의 전설을 뒷받침하는 증거가 되었다.

투트, 즉 투탕카문 왕은 기원전 1347년 이집트에서도 비옥한 땅으로 꼽히는 나일 골짜기에서 태어났다. 투탕카문은 '힘 좋은 황소'라는 뜻인데, 젊은 시절 투트는 강인한 신체와 뛰어난 사냥 기술로 이름이 높았으므로 잘 어울리는 이름이었던 셈이다.

소년 투트는 그리 두드러지는 아이가 아니었다. 파라오의 자리는 형이 물려받게 되어 있었으므로 투트에게는 별다른 기대가 없었다. 투트는 특별한 교육을 받지도 않았다. 한마디로 하고 싶은 것을 하며 시간을 보냈다. 사냥도 하고, 마차도 타고, 좋아하는 보드게임인 '세네트'도 하고, 나일강에서 수영도 했다.

투트가 일곱 살이 되었을 때 형이 심하게 앓다가 세상을 떠났다. 갑자기 투트는 왕위 계승자가 되었다. 빈둥거리며 놀던 시절은 끝나고 벼락치기로 왕자 수업을 받아야 했다. 투트는 자신에게 부여된 새로운 역할을 위해 열심히 공부했다. 그렇게 공부한 것은 천만다행이었다. 2년 후 아버지도 세상을 떠났기 때문이다. 사실 투트의 아버지는 가혹한 통치를 한 인기 없는 왕이었다. 아홉 살 소년 투트가 분열된 이집트 백성의 마음을 통합하고 다독여야 하는 막중한 책임을 떠맡게 된 것이다.

투트는 아버지가 철폐한 전통 신앙을 되살리고, 수도를 다시 테베로 옮긴 후에 성대하게 대관식을 치렀다. 왕위에 오른 투트는 지

체하지 않고 황폐해진 사원의 재건축을 명했다. 사제들의 안내에 따라 풍성한 수확을 기원하는 의식을 거행했으며, 몇 개의 전투에 참전해 승리를 거두기도 했다.

열다섯 살이 되자 투트는 강력하고 믿음직한 지도자로 성장했다. 투트는 상 이집트와 하 이집트를 안정시켰고 전통 신앙을 믿는 백성들의 마음을 어루만졌다. 노련한 외교 협상력을 발휘해 이웃 나라와의 관계도 개선했다. 암흑기는 지나가고 이집트에 번영의 날이 찾아온 것이다. 나일강 주변 경작지엔 해마다 풍년이 들었고 창고에는 곡물이 가득했다.

하지만 시작이 그랬듯이 투트 왕의 시대도 갑자기 끝났다. 투탕카문이 열여덟 살에 갑자기 세상을 떠난 것이다. 질병 때문인지 부상 때문인지 아니면 권력을 잡기 위한 암투 때문인지 아무도 모른다. 원인이 무엇이든 왕의 죽음에 이집트 백성들은 큰 충격을 받았다.

백성들은 죽은 왕이 사후 생활에 불편하지 않도록 무덤에 여러 가지 보물을 넣었고, 보물을 노리는 도굴꾼을 속이기 위해 가짜 통로 등을 만들었다. 그리고 3천여 년의 세월이 흐르는 동안, 그의 무덤은 점차 모래 속으로 사라지면서 사람들의 기억 속에서도 사라졌다.

오늘날 우리가 알고 있는 투탕카문의 일생은 대부분 그의 무덤에서 나온 자료를 토대로 재구성한 것이다. 1922년 한 고고학자가

'왕의 골짜기'라 불리는 지역에서 투탕카문 왕의 무덤을 발견했다. 그곳에는 황금 마스크와 황금 관, 식기, 보석, 활과 화살, 게임판, 왕관 등 갖가지 세공품이 가득했다.

보물 중에는 상형문자가 새겨진 점토판도 있었는데, 거기엔 '죽음이 그 날개로 파라오의 평안을 방해하는 자들 모두를 죽이리라'라는 경고가 적혀 있었다고 한다. 그 경고대로 발굴에 참여한 사람들이 모두 죽거나 사고를 당해 투탕카문의 무덤은 '파라오의 저주'로 더 유명해졌다.

어쨌든 투탕카문 무덤의 발굴과 함께 가장 어렸던 파라오가 존재했다는 사실이 세상에 알려졌고, 그는 사람들의 기억 속에서 영원히 살아남았다. 투트는 뛰어난 리더십과 외교력으로 이집트의 경제를 부흥시켰고, 백성들이 파라오를 신뢰하게 만들었다. 짧은 생애와 화려하고 장엄한 무덤, 그리고 '파라오의 저주' 덕분에 투트는 역대 이집트 왕 중 가장 유명한 인물이 되었다. 이집트의 고대 문헌에 있는 다음의 글은 다른 어떤 파라오보다 투트에게 어울릴 것이다.

'그대의 입이 침묵하는 동안, 그대의 이름은 퍼져나갈 것이다.'

★옮긴이의 말★

이 책의 주인공들은 각자 완전히 다른 방식으로 세상을 바꿨지만, 그들에게는 몇 가지 공통점이 있다. 가난, 교육 부족, 불우한 가족, 차별 권하는 사회, 억압하는 정부, 자기 불신 등의 장애를 극복하고 자신의 꿈을 실현했다는 사실이다. 이 책의 주인공 누구도 쉬운 길을 가지 않았지만 결코 포기하지 않았다.

옮긴이에게도 10대 아들이 있어, 특별한 흥미와 애정을 가지고 작업을 진행했다. 각양각색의 소년들이 전해준 감동은 시간이 흘러도 쉽게 잊히지 않을 것 같다.

이 책은 스무 살이 되기 전에 세상을 바꿀 만한 성취를 이룬 청소년들을 다루고 있다. 책을 읽다 보면 미처 생각지 못했던 성공의 단서나 영감을 얻을 수 있을 것이다. 하지만 이 책이 빨리 성공하는 방법을 알려주거나, 빨리 성공하라고 재촉하는 것은 절대 아니다.

세상을 바꾼다는 것이 꼭 유명해지거나 부자가 되는 것을 뜻하지도 않는다. 정확히 말하자면 '그냥 물러나 앉아 세상이 자신을 바꾸게 내버려 두지 않는다'라는 뜻이다. 남다른 생각으로 기존의 제도와 고정관념을 부수거나, 남다른 투지로 역경을 이겨냄으로써 사람들에게 용기를 주거나 세상에 도움이 되는 방식으로 이름을 알렸다면 그것이 바로 성공한 삶일 것이다. 그것도 10대에 그런 일을 했다면….

이 책을 위인전류라고 생각했다면 잘못 짚은 것이다.

현재 동시대를 살고 있는 소년부터 몇백 년 전에 살았던 파라오까지를 두루 다루고 있기 때문이다. 이 책의 특징을 몇 가지로 요약하자면 다음과 같다.

첫째, 주인공들의 성취 분야가 꽤나 다양하다.

기존의 위인전에서 단골로 다루는 정치인, 과학자, 예술가도 포함되어 있지만 축구선수, 스노보더, 체스선수, 환경운동가, 헤어스타일리스트, 만화가, 식물학자, 영화배우, 가수까지 다양한 분야에서 활약한 인물들이 총망라되어 있다. 넬슨 만델라와 윌 스미스가 같은 가치로 다뤄진다는 것은 이 책의 또 다른 지향점이다. 자신의 꿈조차 스펙의 일부로 정리해야 하는 청소년들에게 이렇게나 다양한 분야에서 성취가 가능하다는 사례를 보여주는 것만으로도 의미가 클 것이다.

둘째, 한 권으로 다양한 인생 이야기를 만날 수 있다.

고아원에서 7년을 살아야 했던 비달 사순, 평생 농부의 삶을 살았던 식물학자 조지 워싱턴 카버, 다섯 살이 되기 전에 두 번의 심장 수술을 받았던 스노보드 챔피언 숀 화이트, 땅콩을 팔며 맨발로 공을 찼던 펠레 등등 세상을 바꾼 주인공들의 삶은 특별한 감동을 준다. 위대한 인물 이야기 중 이렇게 10대에 스포트라이트를 맞춘 책은 없었다. 청소년들이 충분히 공감대를 형성하며 읽을 수 있는 드문 책이다.

셋째, 모든 10대에게 지금 당장 시작하라고 격려한다.

이 책엔 세상을 바꾼 위대한 인물 외에도, 지금 막 세상을 바꾸기 시작한 10대들의 이야기도 수록되어 있다. 열두 살에 지구온난화를 막기 위해 환경단체를 만든 알렉 루어즈, 도보 여행을 통한 모금으로 아프리카에 말리리아 예방용 모기장을 보내고 있는 네이트 스태포드 등이다. 그들은 특별한 재능이 있어서라기보다 자신의 주변에 관심과 애정을 가짐으로써 가치 있는 일을 할 수 있었다.

넷째, 부모와 자녀가 함께 읽을 수 있다.

한 이야기당 3~4페이지 분량으로 구성되어 있어, 부모와 자녀가 함께 읽고 토론해보는 것도 좋은 경험이 될 것이다. 위인에 대한 존경심을 불러일으키려는 작위성이 없는 탓에, 고리타분한 위인전에 질린 아이들도 재미있게 읽을 수 있을 것이다. 자녀들과 자연스럽게 꿈과 진로에 대한 이야기를 나눌 수도 있다.

요즘 10대 청소년들은 "나는 잘하는 것도 없고, 딱히 하고 싶은 것도 없다"라고 말한다. 부모님들은 왜 우리 아이는 꿈이 없냐고 걱정한다. 하지만 아이들이 자신의 꿈을 발견할 방법을 알려주지 않았거나 어쩌면 그 길을 차단해 버렸을지도 모를 일이다. 그들은 꿈이 없는 것이 아니라 아직 찾지 못한 것이다. 다양한 분야의 인물들이 펼치는 불굴의 도전 이야기를 접하게 되면, 보다 다양한 길을 탐색할 수 있고 자신의 꿈을 향해 전진할 용기를 낼 수 있지 않을까?

이 책을 통해 청소년들이 자신만의 독립적인 삶, 자신의 전부를 던질 수 있는 열정적인 삶을 선택하게 된다면 옮긴이로서 더없는 기쁨일 것이다.

Boys Who Rocked the World

◇ 당신은 언제나 옳습니다. 그대의 삶을 응원합니다. – **라의눈 출판그룹**

세상을 바꾼 위대한 10대들 | 남자 청소년 편

초판 1쇄 | 2025년 3월 4일

지은이 | 미셸 로엠 매칸　　옮긴이 | 장은재
펴낸이 | 설응도　　편집주간 | 안은주
영업책임 | 민경업　　디자인 | 박성진

펴낸곳 | 라의눈

출판등록 | 2014년 1월 13일(제2019-000228호)

주소 | 서울시 강남구 테헤란로78길 14-12(대치동) 동영빌딩 4층
전화 | 02-466-1283　　팩스 | 02-466-1301

문의(e-mail)
편집 | editor@eyeofra.co.kr
영업마케팅 | marketing@eyeofra.co.kr
경영지원 | management@eyeofra.co.kr

ISBN : 979-11-92151-98-4 44190
979-11-92151-97-7 44190(세트)